班主任必备丛书
BANZHURENBIBEI
CONGSHU

小学班主任
如何进行班干部管理

尹江石 编著

吉林文史出版社

图书在版编目（CIP）数据

小学班主任如何进行班干部管理／尹江石编著.——长春：
吉林文史出版社，2012.12（2021.6重印）
（班主任必备丛书）
ISBN 978 - 7 - 5472 - 1342 - 1

Ⅰ.①小… Ⅱ.①尹… Ⅲ.①小学－班主任工作
Ⅳ.①G625.1

中国版本图书馆 CIP 数据核字（2012）第 297385 号

班主任必备丛书

小学班主任如何进行班干部管理

XIAOXUE BANZHUREN RUHE JINXING BANGANBU GUANLI

编著／尹江石

责任编辑／高冰若

封面设计／小徐书装

出版发行／吉林文史出版社

地址／长春市福祉大路5788号

邮编／130118

网址／www.jlws.com.cn

印刷／三河市燕春印务有限公司

开本／710mm×1000mm　1/16

印张／14　字数／180千字

版次／2013 年 1 月第 1 版　2021年 6 月第 3 次印刷

书号／ISBN 978 - 7 - 5472 - 1342 - 1

定价／39.80 元

《教师继续教育用书》丛书编委会成员

主　任：

张　旺　徐　潜

副主任：

张胜利　张　克　周海英

编　委：（按姓氏笔画排序）

于　欢　于　涉　孙中华　刘春雷

李井慧　沈　健　孙道荣　陈学峰

陆栎充　赵慧君　高冰若　康迈伦

目 录

班主任必备丛书

小学班主任如何管理班干部

第一章　班干部的选拔

第一节　班主任要有审时识才的智慧

教海拾贝： *学生是学习的主人、生活的主人、自我管理的主人。*

——陶行知

小学生是一个充满灵性的群体，可塑性极强，同时又极不稳定。对于小学班主任来说，要选拔合适的班干部，既能为自己的班级工作增添得力的助手，又能达到培养人、塑造人的目的，就需要有审时识才的智慧，把握好选拔班干部的时机与人选。

⊙什么时候适合选拔班干部

一般来说，选拔班干部的时间是在新学期开学的第一周或第二周，不宜太迟。但在选拔之前，班主任一定要对班情进行具体了解，对班级同学的关系结构进行初步掌握。特别是对于接手新班的班主任来说，选拔班干部之前就必须做好以下的几项工作，来判断是否到了选拔班干部的合适时候：

1. 引导学生从假期的懒散状态调整到日常的班级学习和工作状态来，学生们开始对班级活动进行较细致的思考；

2. 对于班级同学的关系结构有较清楚的了解，掌握哪些同学的工作能力较强，哪些同学在班级能得到较多的支持；

3. 确定新学期班级建设的发展方向，根据班情确定班级新建设所需要的班干部职位；

4. 提前几天公布班干部职务分工，学生对每个职位的职责有充分的了解，并表现出较高的参选热情。

以上这四项工作基本在开学的两周内完成,在班情较复杂的班级,完成这四项工作可能会花费较长的时间,但也不宜超过一个月。

有些班主任接手新班,没有付出足够的时间与精力去了解班情,而是采取比较稳妥的办法,即继续延用上学期的班干部同学。这种方式往往会减弱一些同学对班级建设的积极性和新鲜感,对班级工作失去热情;对小学生来说,变化的新鲜感和称职的工作能力同样重要。

⊙什么样的小学生可以当班干部

对于这个问题,每位小学班主任的心里都有不同的答案。因为不同年龄段小学生的思维结构、工作能力不同,每个班级的学生关系结构不同,每个学生身心发展的程度不同,所以衡量学生能否胜任班干部的标准也不尽相同。为了能选出最适合于班干部的小学生,班主任对班干部的挑选标准和要求应该更全面、更严格。

由于小学生的世界观、人生观、价值观尚未形成,所以对小学班干部的政治素质不能有明确的要求,这一点与初中生、高中生以及大学生的班干部要求不同。但是仅从小学生的日常来看,班主任对小学班干部的道德素质还是应有明确的要求。

小学班干部应具有以下道德素质:

1. 社会公德素质

社会公德素质大体包括三个方面内容:日常生活中处理人与人关系的素质;公共场所处理人与人关系的素质;保护环境资源方面的素质。班干部必须做到与同学、与亲友、与他人之间相互尊重,协作互助,助人为乐,维护公共秩序、公共设施、公共卫生和公共安全,保护环境,保护野生动植物,遵纪守法,敢于同歪风邪气做斗争。

2. 家庭美德素质

对小学班干部的家庭美德方面的要求主要是孝敬长辈,善待同辈。要了解小学生在家庭中的道德表现,班主任要通过家访、电话沟通以及家长会等途径进行细致地了解。如果一个小学生,在家里表现懒散,对长辈不能做到尊敬孝顺,对兄弟姐妹不能友爱关心,又怎么能期望他在班里尊敬师长、爱护同学呢?

此外，小学生的心理素质虽然整体上都不够成熟，但要选拔出来的班干部必须具备一些基本的心理素质：

1. 正常的认识能力。小学班干部对班级里发生的事有正确的判断力，能准确判断班级事件的主要矛盾所在和主要负责人，对事件的性质和程度有较清晰的认识；对班级事件的解决策略有了一定的前期储备，能做到随机应变。比如，在一次班级同学的矛盾冲突中，能够妥善地处理事件、主动道歉、消除矛盾的同学，应该成为班主任选拔班干部的考虑对象，因为这类同学具有较强的认识能力，具有自我反思的能力，能理智地处理自己与他人的矛盾，可想而知，如果他成为班干部之后，对处理班级内其他同学之间的矛盾也会是理性克制，得心应手的。

2. 健康的情绪、坚强的意志。小学班干部虽然身处"干部"行列，但他们首先是一个少年儿童，在其成长过程中，他们会受到各种各样的干扰因素影响，情绪波动较大。班主任要留心观察，能保持好开朗乐观精神面貌的学生才具备管理班级的心理素质。小学班干部只有具备开朗乐观、大方宽容的情绪，并能及时调整自己的情绪，努力做到不会因自己的情绪影响班级工作，以及影响班干部与老师、班内同学的关系。在学习、工作中，不畏难退缩，不轻易放弃，表现出少年儿童应有的认真态度与顽强意志。

3. 良好的人际关系。小学班干部能顺利当选，并在以后能顺利开展班级工作，就必须得到班内同学的大力支持。这就要求小学班干部要善于处理好与班主任、任课教师以及班内同学的关系，经营好自己的人际关系，搞好人缘。

在选拔小学班干部时，班主任往往会看重学生的各项工作能力，其中最主要的一项能力就是组织能力。

对于班干部而言，组织水平对其学习和工作非常重要。班干部作为沟通班内同学、班主任、任课教师的纽带和桥梁，又是班集体的领导核心，经常会接到学校和老师们交给的各项活动任务，就需要随时准备筹划组织班内活动，因此，拥有组织能力对班干部来说，非常重要。班主任在选拔班干部时，应重点关注在活动中表现出较强组织能力与组织"气场"的学生；在选拔班干部之后，也要注重指导班干部掌握组织的策略与方法。学会组织，就是要求班干部学会组织各种活动，在活动中培养和锻炼自己的组织能力，有利于提高班干部自身的素质。如果班干部具有很强的组织能力，并能在活动中得到充分发挥，就能使自己的学习和工作有序、高效地运行。

当然，班干部的组织能力不是一天、两天就能提高的，需要班主任有策略、有针对性地指导班干部在日常的生活、学习、工作中去日积月累。

如果简单来讲，对于小学班干部的选拔标准，笔者认为大致可以归纳为以下几项：

1. 热爱集体，在广大同学中能起到榜样示范作用，有一定的感召力和凝聚力；

2. 乐观开朗，善于协调同学之间的关系，有一定的组织能力和管理能力；

3. 遵纪守法，诚实正直，善于反思自身，明辨是非的能力较强；

4. 表现活跃，愿意积极地展现自己，言语表达与沟通理解能力较强。

由于小学生的班级工作能力，会随着社会阅历、知识储备以及心理发展的变化而不断提升，所以选拔班干部的标准也会随着学生的发展而相应变化，班主任在选拔之前一定要有一个自己认为合乎班级学生情况的标准。

一般来说，选班干部，班主任还是倾向于在班级中寻找心智发展较为成熟的学生，毕竟班级管理需要严密的结构与思路，所以不能单凭学生的热情来作为选拔的标准，而要重视学生的工作能力以及综合素质。

同时，一些心智发展程度较低，但是对班级工作表现出较高积极性的学生也不能忽视。他们可能暂时不能胜任自己想当的职务，但是可以做一些与这个职务相关的工作。比如，想当劳动委员的同学，可以先安排他（她）去监督一个小组的劳动情况；想当学习委员的同学，可以利用这个契机，对他（她）的成绩提出一个明确的要求，学生也乐于接受。采用化整为零的策略，从小处锻炼这些积极性很高的学生，提高他们的工作能力，直到他们能胜任自己想要担任的班干部。

总之，由于每一个班主任的工作思路不同，班情不同，班级内学生的心智发展不同，对什么样的小学生适合当班干部这个问题，真可谓是"仁人见仁，智者见智"。究竟什么样的学生可以当班干部，需要班主任在实际工作中慢慢探索。还是那句话：世上没有绝对的东西，具体问题要具体分析。

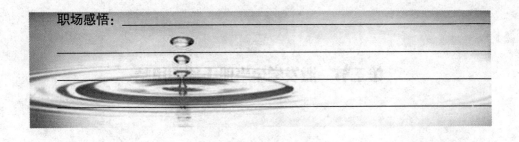

职场感悟：

第二节　激发学生当班干部的热情

教海拾贝： *教学的艺术不在于传授本领，而在于激励、唤醒和鼓舞。*

——[德]第斯多惠

目前，有媒体的问卷调查显示，有些小学生虽具备担当班干部的能力和条件，但是他们认为"负担特别重，很有压力"，对担任班干部这件事采取消极回避的态度。对于这些小学生，班主任应该努力做好他们的思想工作，尊重学生的意愿，拉近班主任、班干部与这些同学的距离，使他们积极支持班级内各项工作的开展。同时，班主任也要努力在沟通交流中帮助学生克服思想误区，尽量争取更多的优秀学生走上班干部岗位，让他们在班级管理的平台上得到管理能力的锻炼与提升，并合理安排好班级工作与学习之间的关系，做到两不耽误。

⊙树立学生对班级新建设的信心

班主任在选拔班干部之前，要鼓舞班级内全体学生的士气，使不同成长水平和发展层次的学生对班级的新学期建设目标有明确的了解，充满信心。

请看下面的案例。

☞案例现场

某位班主任刚接手三年级的一个班。刚一接班，他就发现班级的风气很沉闷，现存的班委会中只有纪律班长两人，其他的班干部职务竟都是空的。而且，很多学生对班级的活动表现得没有兴趣。开学一周内，他看中了几个积极配合老师工作、办事利索的同学，但当他提议让他们当班干部时，这些同学却都表示不愿当。这是怎么回事呢？原来，以前的班主任要求很严格，很多班干部在出现错误时，班主任除了严厉的批评之后，往往会当场撤职，整个二年级，他们班班干部更替的速度非常快，几乎都是班主任撤一个就任命一个。最开始，这班的学生还觉得班主任对班干部要求严厉很好,而且很多同学都会有上任锻炼的机会;后来,很多同学受到班主任的严厉批评之后,特别是被撤职遭到同学的嘲笑之后,就再也不愿担任班干部了,变得畏畏缩缩,唯恐出错挨批。

这位班主任了解到这种情况之后,利用班会的时间做班干部竞选之前的动员工作,他说:"这次班干部选举,采用自由竞选、民主投票的方式,由大家投票选出我们的新班干部。这些班干部,即使在以后的工作中出现错误,也要让大家投否决票,过半数才能撤掉班干部的职务。老师在这里,向大家保证这一点,希望大家能共同监督班干部和我的工作,把我们班建设得更好。请大家相信我的话。"三年级的学生虽然不能完全明白老师讲的投票流程,但是班主任的这一番动员让大家知道了,以后即使犯错误也不会被当场撤职,新班级的一切都讲民主。这样,大家仿佛吃了一颗"定心丸",恢复了参加班干部竞选的积极性,踊跃报名。

【案例分析】

案例中班级的风气沉闷,是有多方面的原因的,其中最重要的一个因素,就是他们对原来的班级和班主任失望过,把班干部这个光荣的身份看成了"烫手的山芋",畏首畏尾,害怕出错。

【案例对策】

新任的班主任要改变这种沉闷的班风,让更多的同学重燃建设新班级、为班级做贡献的热情,就要引导学生克服心理障碍,打消顾虑。为了达到这个效果,班主任除了对他们推心置腹地畅谈,和他们坦诚地订立师生共同遵守的约定,让小学生克服对班主任消极的畏惧感,没有任何别的好办法。

案例中班主任的做法,为我们提供了树立学生建设新班级的信心的好经验。此外,要调动学生当班干部的积极性,以主人翁的心态融入班集体,班主任还要牢记以下几条建议:

1. 班主任自身对新班级的建设要有强烈的激情,并以饱满的热情点燃同学的积极性。因为感动别人的最好方法,就是让自己先感动起来,在感动中激发学生参与班级管理的热情。

2. 班主任要通过自己的言行,不管是在班会上的公开发言,还是在班级里小细节的举止,努力向学生传达这样一个信息:我很高兴地与你们在一起,我很愿意和你们一起营造一个美丽的生存空间。

3. 班主任还要努力营造一个竞争的氛围,让更多的学生对班干部职位严肃对待、认真争取,通过激烈竞争选出来的班干部才有成就感,也更有做好工作的压力感和动力源。

⊙鼓励"蠢蠢欲动"的学生参加竞选

在班干部的竞选动员阶段,总有一些"蠢蠢欲动"的小学生,需要班主任专门花一番精力去挖掘他们的工作热情,克服他们的稚嫩思想,引导他们投身到班级工作中来。

第一类学生: 优质生

优质生,也可以称为优等生、优秀生。这些学生在思想品德、学习成绩及其他各方面都有突出的表现。

每班都有优质生,尽管人数不多,但是他们所起的作用是非常重要的。因为优质生往往是班上的骨干,是教师的主要表扬对象,管理别人的机会多,无形中在一般同学的心中成为榜样和权威,其行为具有一定的吸引力。那些好的思想、表现将带动一片,出色的成绩甚至会引起轰动效应。但是,如果班主任不注意调动这些优质生的积极性,也会产生一些不良影响。

☞ **案例现场**

某班,有一位优质生由于在班里处处"拔尖",自然而然产生了"比别人高出一等"的骄傲心理,有同学向他请教问题时,他在开始时指指点点,如果问问题的同学仍不明白,他就会很不耐烦地说:"真笨,我不给你讲了。"这位优质生虽然在班里表现很优秀,也很为班级工作做贡献,但后来他却在班干部竞选中,由于得不到同学的广泛支持,得票过低,最终没有顺利当选。

还有一位优质生因为在市级的作文大赛、知识竞赛中都获奖了,便表现出了不可一世的态度,言谈举止表现得很清高、很傲慢,使班里的其他同学觉得他变得很难接近,而他自己似乎也觉得与班里的普通同学接近不接近是无所谓的事情。对班干部的竞选,他虽然也参加了,但是演讲平淡无味,缺乏热情,让同学觉得他对能否当上班干部并不是很在意。或许这位优质生觉得自己的水平很高,不屑于在本班范围内发挥自己的才能吧。结果,他也没有当选班干部。

【案例分析】

第一位优质生，由于骄傲心理，没有处理好与同学的关系，结果得不到支持，未能如愿当选班干部；第二位优质生，也是由于骄傲心理，对班级工作缺乏真诚，得不到同学的信任和支持，同样也没有当选班干部。可见，优质生如果不能很好地控制自己的骄傲心理，不注重经营与同学关系，就会在自己当选班干部的道路上设下重重障碍。

【案例对策】

面对以上案例中的两类优质生，班主任一定要及时认识到他们的言行、心态可能给他们招致的不良影响和后果，一定不能让骄傲自满、高人一等的"野草"在小学生纯洁的心田扎下根。

班主任可以用以下几种方法调动优质生参与班级事务的积极性，为他们顺利当选班干部积攒人气：

1. 在班集体中建立优质生与其他同学的互帮小组。建立互帮小组，可以使优质生在给其他同学讲解知识时，自身的知识体系得到巩固和提高，也有助于使优质生发现其他同学身上的长处，学习他们的优点，克服优质生的骄傲自满情绪，还有利于增进优质生与其他同学之间的友谊，加强同学间的团结。

2. 建立优质生信息库，储备优质生信息。一方面，搜集本班优质生听课、作业、考试的材料；另一方面，多方搜集平行班优质生的材料，通过反复对比，使优质生在横向上做到有自知之明；还可以翻开校史，仔细搜集本校以往各届优质生在读同年级时的资料，编出一个纵向的参照系数。通过横纵向的信息比较，使优质生对自己有一个全面的认识，从而做出相应的积极反应。

3. 创立优质生群体，培养优质生的优秀气质。跨越班级界线，在教师的帮助下组织全年级乃至全校的优质生，多方开展活动，谈理想、谈学习体会，讨论学习方法，从而在思想基础好、积极要求进步的环境中，通过教师引导，使优质生受到深层次的熏陶，这样就避免了出现优质生因在班级小范围内的优势而造成的傲慢孤僻或停滞不前的现象。

面对优质生，班主任还会遇到另一个问题，就是有些优质生拒绝当班干部。其原因主要有三点：一是怕耽误学习，自己不想当；二是怕自己能力有限，不足以胜任，自己不敢当；还有一个就是，家长担心孩子当班干部后会分心，家长不让当。这三点中，第一种和第二种情况是来自学生自身的原因，从自身的利益出发，为自己考虑，或是自信心不足；第三种则是来自家长的压力，家长将学生的精力禁锢在学习之上，而不肯让孩子在办事能力上得到更好的发展。

分析了以上的三种原因，不管是学生自身的意愿，还是家长的愿望，这些个人意志都有其局限性。班主任应做好学生和家长的思想工作，让他们的出发点和心胸更为开阔坦荡。"为集体办事会影响到自己的学习"这种狭隘的想法，如果得不到及时的纠正，就会变成自私的劣质。那么，那些自私的学生即使学习成绩再优秀，我们也很难说他以后会为社会、为国家做出怎样的贡献。如何对优质生进行有效的思想教育，便成为班主任选拔优秀班干部的一个重点话题，也成为了一个难题。

班主任想解决问题，首先就应找准突破口。就这个问题而言，弄清楚优质生拒绝当班干部的原因就是突破口。找到原因之后，班主任就可以更有针对性地同孩子进行一次面对面的谈话，主要目的在于引导，让学生对当班干部的好处有更明确的认识，促使学生重新平衡自身学习与班级工作的利弊关系和精力分配。班主任的引导必须要有足够的说服力，一味地讲大道理，效果一般不会太好。最好是举本班或平行班里的例子，让学生看到当班干部不仅不会影响自己的学习，反而会为自己得来学习之外的收获，使学生对当选班干部充满期待。

第二类学生：中等生

中等生，有的老师又称他们为中间生，即学习成绩处于班级中游的一部分学生，这部分的学生占班级人数的比例非常大。因此，调动他们参与班干部竞选的积极性是班主任做好班级工作的重要一环。

要调动中等生参加班干部竞选的积极性，首先要分析这部分学生所具有的特点。大体来说，中等生有这样几个特点：1.一部分中等生成绩处于中等，但学习刻苦，自尊心强，希望得到老师、学生的信赖，渴望表现自己的才能与智慧；2.一部分中等生在思想上缺乏远大理想和进取心，行动上固步自封，信心不足；3.一部分中等生缺乏必胜心理，缺乏克服困难的毅力，不能经受失败的考验，波动性大。4.一部分中等生怕出头露面，日常少言寡语，习惯对周围的一切持观望态度。

弄清楚了中等生的几个特点之后，班主任就要采取相应的办法，调动他们参与班级事务的积极性：

1. 利用中等生的长处，合理地为他们安排班级工作，促使他们向好的方向转化。在平时，班主任要帮助这些学生分析处于中游的原因，指出他们思想上、学习上努力的方向。请看下面的案例。

☞ **案例现场**

有一名女同学，曾是在各方面表现一般的学生，一度因沉迷各种网络游戏，使学习成绩下降。但她有一个特点：待人热情，肯为集体工作，不计较个人得失。于是，班主任在班会上，向全班同学说了她的优点，并提议让她担任班级的卫生委员。班主任的这个提议得到了班上大多数同学的支持。于是，这位女同学，从接受班主任安排的工作后，就觉得应该把工作做好，不应再沉迷一些与学习无关的事情了。而且，老师、同学对她如此信任，就应该把学习成绩赶上去。经过一段时间的努力，这位同学果然以新的面貌出现在同学的面前，学习成绩也出现了新的进步。

【案例分析】

这名女同学是班级的中等生，在班主任给她安排班级工作之前，她存在着表现一般、沉迷网络游戏等缺点，同时也有其自身的优点：待人热情，愿意为班级工作。在担任劳动委员之前，缺点大于优点，优点的作用无法得到发挥和强化。

【案例对策】

班主任发现这名女同学身上的优点，主动为她创造机会。让她在劳动委员的岗位上充分地发挥自身优点，用优点去克服缺点，最终取得了良好的效果。这名女同学在老师、同学的信任下，也很好地完成了自我教育，励志图强，面貌焕然一新。

2. 吸收中等生参加班集体的管理工作。在班主任的组织下，让中等生在班级管理工作中，与其他同学结成互帮小组，互相学习长处，吸取优点，让中等生有比较、有榜样，有一个良好的竞争环境。请看下面的案例。

☞ **案例现场**

六年级某班的班主任鉴于本班学生的心理成熟程度和班级自主管理意识较高，实行了两项学生广泛参与管理集体的活动："值日班长"和"值日班主任"工作制。这两项制度的实施对中等生来说无疑是提供了大显身手的好机会。在工作中，通过开展这两项活动，使班里的中等生得到了不同程度的锻炼。在他们担任"值日班长"和"值日班主任"期间，他们变得开朗自信，在其他同学的身上看到了不同的优点和长处，从不会管理到学会管理，无形中使他们看到自己的能力，增强了他们的自信心。一些担任过"值日班长"和"值日班主任"的学生说："这一次经历收获真的很多，下一次轮到我时，我一定会干得更好。"

【案例分析】

中等生在班级里往往不会主动争取担任班干部，有时他们的能力与水平也确实与班干部的要求有所差距。这样很多中等生就得不到锻炼。而案例中班主任实行的"值日班长"和"值日班主任"活动，为中等生参与班级事务、锻炼自身工作能力提供了一个良好的平台。

【实施效果】

中等生在担任班级职务期间，由于要管理班里的各方面事务，所以中等生在各方面只有用出色的表现才能说服其他同学，得到同学们对自己工作的支持，这也在无形中督促了中等生的上进心和学习自觉性。同时，同学们对他们的注意力也随之增强，期待值也更高。这些来自外部的推动力和期望与他本人塑造自我的愿望相吻合，从而使他们的工作才能得到了培养和发挥。从担任过"值日班长"和"值日班主任"的同学的反馈中，可以看出，他们自身中原有的积极因素已经被调动起来了，不仅从这次管理班级事务的活动中收获颇丰，而且期待着下一次参加这项活动，形成了一种在班级工作中积极参与、相互竞争的良好氛围。

第三类学生：特质生

对"特质生"没有一个固定的定义，这里所说的特质生，是指在某些方面有较突出的才能，但是在性格品质方面有"特殊"表现，一般来说，言行很外向，调皮爱闹，甚至有时脾气暴躁，纪律性差，对班主任、任课教师以及家长的教导有抵抗心理，对别人的批评采取"顶嘴"的方式，不予接受。特质生性格秉性的形成，与其家庭教育关系很大，有时单亲家庭、离异家庭以及家庭教育缺失、策略失误的学生往往会成为"特质生"。

特质生，有时往往会成为班主任开展班级工作的干扰、破坏因素，有一个特质生就会成为班主任的"心病"，班主任在班级工作中也是处处防着他们搞破坏。

其实，特质生对担任班干部职位的积极性一般都很高，班主任可引导特质生参与管理班级事务，变"防之"为"用之"。

我们先来看看特质生有哪些特点：1.自尊心强，他们不愿意听到教师当众对他们进行批评、训斥，也不能容忍其他同学瞧不起他们；2.思想、行为带有明显的情绪性，情绪变化大，意志薄弱，缺乏自控能力，反复不定，极易被外界的不良因素所干扰；3.特质生一般喜欢和兴趣相同的同学呆在一起，怕孤立。多数男同学还逞能好斗，常常为一些鸡毛蒜皮的小事而大动干戈。有些人利己思想严重，常常把自己的快乐建立在他人的麻烦和烦恼之上；4.特质生容不得相反意见，遇到什么挫折或吃了一点亏，就非报复不可，往往使矛盾扩大化、激烈化。全面地了解了特质生的特点之后，班主任在引导特质生担任班干部时就要根据他们的特点采用有针对性的策略，趋利避害。

苏霍姆林斯基曾说："从我手里经过的学生成千上万，奇怪的是，留给我印象最深的并不是无可挑剔的模范生，而是别具特点，与众不同的孩子。"班主任培养好"特质生"，对学生和教师自身的发展都是有益的。我们来看下面的一则案例。

☞ **案例现场**

在本学期的第一周班会上，我公布了设立的班干部职位，为每个职位征求候选人。当我提到班长这个岗位时，有三个同学高高举起了手，其中有马同学，这是一个坏习惯比较多的孩子，学习不用心，字迹潦草，成绩也是忽高忽低，有时只有六十几分。还记得开学第一天，我叫他和几个同学打扫卫生，他竟然溜掉了，跑到运动场上去踢球。其具体表现可以用两句话来总结概括：班主任说什么他都不乐意，班干部做什么他都认为不对！

上学期，我通过谈心了解到他父母亲平时工作很忙，没有时间来关注孩子的习惯养成，对他的学习要求也不高，才使他养成了这些坏习惯。但是这个学生有一个优点就是爱表现自己，口头表达能力也很不错。在上学期的元旦联欢会上，他和几个同学的小品表演得有声有色。可见，他虽然学习成绩不理想，但是表达能力很强，对班级活动也很热心。

现在他主动提出要做班长，我便立即把握住这个大好时机，大力表扬他，并放手让他去积极竞选。他也高兴，第二天便开始"拉票"，最后以微弱优势当选，说明他还是有竞争能力，也易于征得同学的支持。

　　但是新官上任的第三天，他满脸沮丧地跑来告诉我他不想做了，问起原因，原来有的同学说他自己遵守纪律就很差，还对他冷嘲热讽，说什么成绩不好还想做干部。他一下子就心灰意冷了。我首先给他戴高帽，列出他这一段时间成绩上的进步之处，联欢会上的成功表演等，这时他已平静下来，脸上写满了欣喜。紧接着，我话题一转："要管别人的纪律，首先要管好自己的纪律。我想，对你来说，管好自己难不难？"他为难地看着我，但当看到我对他充满信任的微笑，他立刻很干脆地回答道："没问题，我一定管好自己。"我高兴地点点头，然后又说："他们说你成绩不好，你这么聪明，就用你的行动给他们看看！期中考试马上就要到了，我相信你一定会考出令你自己充满信心的成绩来！"他点点头，表示会努力。

　　过了一段时间，我发现这个学生在学习态度及与同学相处方面有了很大的改观，每次单元测试后，他都会第一个跑到我办公室来问自己的成绩有没有进步。果然，他每门学科都有了很大的进步。我抓住这个机会，在全班面前表扬了他，他的干劲更足了。其他同学都佩服他的努力和进步，对他的工作很支持。

　　但他做起具体的班级工作来，最开始也不是很顺利。有一次，他提出来要搞一次"保护环境"主题班会，表示要踊跃参加者寥寥无几，结果泡了汤。后来我问了其他班干部，为什么没有人参加，其他班干部说是他的工作方式令很多人无法接受，他的工作方法多是命令式的，他说："今天晚上回家找资料，全班同学都必须参加"。

　　很多刚上任的班干部都喜欢用这种语调，其实很多学生都不太接受这种方式，我教这个班干部用这样一种方法：首先讲出这次班会的节目设想如何丰富多彩、整个班会的安排等等将同学们的胃口先吊起来，提高大家的兴趣，然后才问大家是否愿意参加。以这种商量的语气讲出来，能让其他同学乐于接受。于是，他按照我教的方法，在班上又讲了一遍，很多同学的积极性被调动起来了，少数几个表示不参加，但大部分人都说下周好点有充分的准备，最后大家达成了共识。几个犹豫不决的同学，也在一个星期的筹备中被感染了，最终的结果是这次班会搞得非常成功。

【案例分析】

案例中的马同学以前是一名坏习惯比较多的特质生，而且他对班级工作有很多的干扰作用，"班主任说什么他都不乐意，班干部做什么他都认为不对！"面对这样的特质生，班主任如果只是一味地批评、预防他出现错误，而不采用引导、任用的策略，恐怕他不但得不到更快更好地成长，而且会对班级工作造成更大的阻碍作用。

【案例对策】

面对如案例中马同学这样典型的特质生，班主任使用的教育策略，一定要有效而持续地发挥作用。案例中的班主任信任、鼓励特质生，为他积极创造担任班干部的机会，帮他争取同学的支持，并在具体的工作中耐心地指导，使特质生感受到班主任对他的器重，从而珍惜机会，不断提高，在班干部的岗位上得到了自身的发展。

从上面案例中反映出来的效果，我们坚定了这样的理念：班主任一定要相信特质生的工作能力，积极鼓励特质生担任班干部、参与班级事务。同时，从这个案例中，我们也看到，从特质生中选拔班干部，班主任还要注意以下几个问题：

1. 班主任选拔特质生担任班干部，一定不能以成绩作为硬性标准，而要关注他们的潜质和能力。案例中的班主任关注特质生对班级活动的积极性，和他已有的活动能力、表达能力，并积极鼓励他，为他创造锻炼机会。

2. 培养特质生当班干部并非一帆风顺，他们的工作能力应该在具体工作中得到提升。有些同学的工作能力以及工作方式，最开始并不恰当。这时，班主任要及时发现问题，给予具体有效的指导，不能放任不良事态的发展，更不能对他提出否定式的批评。这样只会打击他的积极性，甚至伤害到他的自尊。

3. 特质生担任班干部之后，工作热情会很足，但是也容易因为其他同学的评价而对自己产生怀疑。特别是一些成绩不太好的特质生班干部，本身就对自己的成绩不自信，经别人一评价，他便备受打击。作为班主任，一定要帮这样的班干部树立起信心，鼓励他们努力进取，克服自己的"短板"，保持住工作的热情。

"要想除掉旷野的杂草，最好的方法就是在上面种上庄稼。同时，要想让灵魂无纷扰，最好的方法就是用美德去占领它。"面对特质生对班级工作造成的各种"麻烦"，班主任一定要有策略地鼓励他们去担任班干部，有正事可做就是美德，用这种行动的美德去占据特质生的心田，让他们的性格更趋完善，健康成长。

第四类学生：学困生

学困生，也有人称之为"后进生"，主要是从学习成绩上来划分出这样的学生群体。这个群体的大体表现是：也曾努力过，但由于各种自身的原因导致学习成绩落后，一再受挫后导致纪律松散，作风懒散，在思想上不求进取，跟不上班集体前进的步伐。这类学生由于自身在学习成绩所处的下游位置，往往自卑感很强，他们常常认为："我都努力过了，没有进步，反正都这样了，就这样混吧。"

对于学困生（后进生），李镇西有这样的诊断："研究后进生是最好的教育。""后进生教育原则：充满感情，相信学生，允许反复，降低要求，集体帮助。"对于这类学生，班主任在调动他们参与班级事务时，一定要采取一些有针对性的措施，既能让他们自身克服因学习成绩不好而产生的自卑心理，又能让其他同学不会因学困生成绩的劣势而看不起他们。班主任要做的重要一点就是找寻学困生身上的闪光点。

每个学生都有优缺点，在学困生的身上，缺点往往多一些，优点可能少一些，有时学习成绩的平平和落后甚至会掩盖他们其他方面的优点。作为班主任，千万不能"哪壶不开提哪壶"，整天专盯着学困生学习上的劣势和缺点，一个劲儿地督促他们把所有的精力和时间放在搞好学习成绩上，而要善于发现长处，扬长避短，争取帮助的主动权。

我们先来看一则新闻报道中的学困生教育案例。

☞ **案例现场**

据《齐鲁晚报》报道，聊城市某小学对待"问题学生"不但不处罚，反而让他们担任相应的班级职务，以此鼓励学生自我约束。校方认为，鼓励"问题学生"竞选班干部，不但帮助"问题学生"克服缺点，还能带动全班素质整体提高。

三年级的一名张同学，一年前还是班上的"后进生"。当选学习委员后，张同学不但成了学习标兵，还帮助几名后进同学，一起提高学习成绩。该班班主任说，学校刚开始提出让"问题学生"参与班干部竞选，她感到非常不理解，"让这些孩子担任班干部，班里还不乱套了？"但几个月下来，班里却发生了可喜的变化，班级的纪律、学生的成绩都更好了。张同学的父亲刚听说儿子当上学习委员时，都不敢相信，"还别说，当上学习委员后，这孩子真用心学习了。想不到，他还成了学习标兵。"

【案例分析】

案例中的张同学由班上的"后进生"变为学习标兵，得益于他在学习委员这个岗位上得到的锻炼。"当上学习委员后，这孩子真用心学习了。"其原因在于，学习委员这个职位给了张同学一种责任感，搞好学习，不再只是个人的成绩问题，而是关系到自己在班级的形象以及班集体的荣誉问题。强大的责任感激发了学困生的学习动力。从中也可见，班主任重视的事情，学生才会重视。学困生非常需要班主任、任课老师的重视，"给他们一点阳光，学困生才能灿烂。"

【实施效果】

有教育专家分析案例中学校的做法后认为，这种"严格要求与尊重信任"的教育模式，是素质教育中的重要一项，核心是"因材施教和有教无类"，现代教育，必须建立在严格管理和尊重信任的双重基础上。主要看老师能否发现学生的潜在闪光点，并将它扩大迁移。这种教育模式，必须做到"疏堵结合，因地制宜"，才能事半功倍。重新审视素质教育的核心理念"以人为本、因材施教"，班主任非常需要做的就是善于发现学困生身上潜在的优点，培养他们克服缺点的自信心。

在发掘学困生的闪光点，推动他们能够在班级事务中发挥自己的才能之后，班主任还要做的一项重要工作是帮助学困生提高自己的学习成绩，因为学习成绩不好是学困生的"硬伤"。学习成绩的提高，主要靠两点：一是学习方法、策略，二是学习兴趣、动力。针对每位学困生的不同情况，班主任有必要加强个别辅导，为这些学困生班干部开"学习小灶"，在辅导他们学习进步的同时，也让他们感受到班主任的良苦用心，促进他们与班主任之间的心理沟通。班主任也可以组织"一帮一"学习小组，让优质生给学困生介绍学习上的方法和经验，有助于为学困生及时答疑解惑，扫除学习道路上的障碍。同时，班主任要注重学困生的思想辅导工作，给学困生"精神充电"，增强他们的心理承受能力。

哲学家詹姆士精辟地指出："人类本质中最殷切的要求是渴望被肯定。"热情、向上的小学生更是如此。更有人这样赞颂："教师的赞赏是阳光、空气和水，是学生成长不可缺少的养料；教师的赞美是一座桥，能沟通教师与学生的心灵之河；教师的赞美是一种无形的催化剂，能增强学生的自尊、自信、自强。"班主任如何用自己的教育艺术去推动学困生担任班干部，决定着班级里这支后备军的质量与力量。

职场感悟：

班主任必备丛书　小学班主任如何管理班干部

第三节 选拔干部要遵循必要的原则

教海拾贝： 民主像一座搭在师生心灵之间的桥。民主的程度越高，这座连通心灵的桥就越坚固，越宽敞。

——魏书生

在小学班级中选拔班干部，有时往往是班主任一个人说了算的事，特别是在一二年级，学生的心理发展程度较低时，选拔班干部的很多事宜都是班主任一人操办。但是，班主任是否秉承一颗"公心"，是否任人唯贤，在少年儿童的心里中，绝对不是懵懵懂懂的，他们会知道班主任是偏心还是公心。所以，这就告诫班主任，不论是小学阶段的哪个年级，在选拔小学班干部时，一定要有遵循公正、民主的原则，让孩子们从选拔班干部的过程中得到民主意识的教育和竞争意识的培养。

那么，班主任在选拔班干部时应遵循哪些原则呢？

⊙机会面前，人人平等

选拔任命班干部，第一位的原则就要公平竞争。在班干部职务的竞争面前，人人平等，每一位同学不论学习成绩的好坏、性格品质的优劣，都有竞争的权利。作为教师都有这样一种感觉，班级里总有几个学生既不惹是生非，又不勤奋上进，虽然学业平平，却也不名落孙山。一般情况下，这样默默无闻的学生既得不到老师的表扬，也得不到老师的批评，当然也当不了干部，是一些容易被老师忽视和遗忘的学生。作为班主任，一定要有这样的信念：班上的每一个学生都具备担任班干部的潜质，应该给每一个学生成为班干部创造机会，不能受自身所形成的学生个人印象的影响而忽视、打压某位同学的竞选积极性。

我们一起来看下面的教育案例。

☞ **案例现场**

一次班会上，班主任正在做新学期的班干部竞选动员工作。突然后排有两个男生说起话来，而且声音越来越大，丝毫没有把班主任正在说的内容当回事。班主任很生气，中断了自己的动员演讲，迅速地走到那两名男生的身旁，严肃地说："你们为什么说话？"两名男生慢慢地站起来，低下了头，他们显然知道在这时随便说话是不对的。其中的一个小声说了一句："反正我也没有机会，所以就不听您说了，跟他说起话来。"

这名男生的话给了班主任很大的触动。这两名男生都是班级里成绩靠后的同学，平时表现也一般。这两名男生从来没有担任过班干部，甚至连小组长这样的职务也没有干过，他们认为班干部竞选与自己无关也是真实的想法。

为此，班主任对本次班干部竞选的要求临时做了改变，要求每一位同学都思考、设想适合自己担任的班干部职位，每一位同学都要递交自己的竞选意愿书。有同学不明白班主任的用意，他做了这样的解释："有一句名言：不想当将军的士兵不是好士兵。虽然到最后不是每一位士兵都能成为将军，但是每一位士兵都要做成为将军的准备，并不断地朝这个方向努力。"

【案例分析】

案例中的男生说没有机会，原因可能有两种：一是班主任不会给他们机会，二是有机会，他们没有看到这个机会自己也是可以抓住的，结果浪费了机会。所以，作为班主任在坚持"机会面前，人人平等"原则的同时，也要思考如何调动每一位同学去积极把握眼前的机会。

【案例对策】

我们从案例中看到，这位班主任还是非常有原则的，他想让每一位同学都能参加班干部的竞选，公平竞争。但是一开始，并不是所有的学生都能理解班主任的话，有些人会认为班干部的职位只是为某几个同学准备的。很多同学不能正视与珍惜自己享有的公平竞争的权利，这就需要班主任适当地发动全班同学参与竞选的积极性。班主任应努力向学生表达清楚这样的用意：不可能所有的同学都上台竞选演讲，但上台演讲的同学应该能代表班级各层次学生的特点与意愿。

有人说，教育的全部责任就在于启迪智慧、完善灵魂；放弃这种责任，则会造成教育的不公平、不作为现象。在选拔班干部的问题上，班主任选择公平、平等地对待所有学生，工作上也许会平添许多负担与麻烦，但这些对机会认识不足的学生会在被关爱、被信任和尊重的氛围下，发挥他们身上的求真、向善、爱美的朝气与活力，逐步走向成熟，走向成功。

⊙民主公开，当场计票

关于班干部选拔的第二个原则，就是在程序上的"民主公开，当场计票"原则。虽然小学生的年龄小、心智水平低，但选拔小学班干部绝不能看成是"小打小闹"，选举工作应按规定的程序组织实施，以保证选举的规范性和有效性。为了民主公开，同时操作起来又简单易行，班主任可根据小学班级的实际情况，酌情采用以下的程序：

1. 班主任宣布竞选会开始，介绍候选人情况

由班主任讲明参加选举同学的情况，说明本届班委会的职务分工、每种职务所需的人数以及班委会成员总人数。参加选举的人数应超过本班总人数的五分之四，即为达到法定人数。

2. 班主任宣布选举办法

由班主任介绍选举办法，说明本次选举采取的方式。可以采用两种方式：一种是经过差额预选，然后再进行正式选举，这种方式适合竞选人数较多的情况；另一种是直接进行差额选举，根据票数多少选出，这种方式适合竞选人数较少的情况。

3. 候选人发表竞选演讲，确定名单

班主任在选举的前一天，应帮助候选人修改演讲稿；对候选人发表竞选演讲的顺序，可以采用抽签的方法确定；对候选人演讲的时间应做出明确的规定，小学生以三分钟为宜。在小学的班干部竞选活动中，班主任要多采用演讲竞选的方式，鼓励学生在全班同学表达自己的竞选意愿。这有利于培养学生的勇气，也有利于增强其他同学对竞选同学的了解和支持。在候选人发表演讲之后，班主任可以将候选人的名字写在黑板上，或是通过屏幕显示出来，候选人名单得以确定。

4. 推选监票人、计票人

通常推选监票人和计票人各两名，候选人不能担任。班主任可以在选举会上直接提名，由参加选举同学举手表决通过。

5. 分发和填写选票

计票人在监票人的监督下，准确核对选举人数和选票数，使票数与人数相符，然后分发选票。采用无记名投票的方式，选举人在选票上相应职位的后面填写自己同意的候选人名字；候选人可以选自己。每张选票上所选的人数只能等于或少于应选人数。如果所选人数多于应选人数，该选票即为废票。班主任需要强调的是，不得填写候选人之外的姓名。因为只有发表竞选演讲的人才有被选举的资格，其目的是锻炼小学生当众演讲的勇气，有勇气的人才能胜任班干部一职。

6. 全班同学进行投票

在全部选举人都填写完选票后，由监票人在计票人的协助下当众检查投票箱并进行封闭，而后开始投票。先由监票人和计票人投票，而后在监票人的监督下，班级的其余同学逐个依次进行投票。

7. 核查选票，确定选举是否有效

投票完毕，计票人在监票人的监督下，当众启封投票箱，先清点核对票数，收回的票数等于或少于实发选票数，选举有效；如多于实发选票数，则选举无效。检查清理选票，如选票所选人数多于应选人数即为废票，应予清出。废票的数量如果超过全班总人数的五分之一，则本轮投票无效，监票人需立即宣布重新投票。

监票人对发出、收回、有效、作废各类选票的数量做好记录。

8. 计算选票

计票人在监票人的监督下对有效选票进行计算，一般采用写"正"字的方式计票。计算结束后，按得票数从高到低排列候选人姓名。从最高得票算起，各职位取够应选人数即止。计票结果应向监票人报告，监票人做好记录。

9. 宣布选举结果

由监票人当众宣布本次选举共发出、收回、有效、作废各类选票的数量，宣布本次选举有效。公布每个职位各候选人所得票数，按得票数高低与应选人数确定的候选人名单。最后，由班主任宣布当选人名单。

另外，选举中所用的选票，应当是班主任事先制作好的大小规格相同的卡片，不宜让学生用自己从本子上随意撕下的纸片作为选票，保证选举的规范与严肃。

在小学班干部的选举工作中采用民主公开、规范严密的选举流程，当场计票并宣布结果，有利于引起同学对选拔班干部这一工作的重视，促进学生对民主规范程序的认识，培养学生的民主意识；也有利于提高班主任自身的民主素养与带班的公信力，并为班主任做好对落选同学的后续安抚工作、对家长的沟通解释工作提供有利的条件，可谓"正大光明，名正言顺"。

职场感悟：

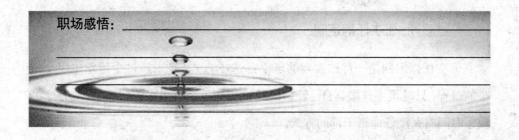

23

第四节 采用合适的选拔、任用方式

教海拾贝： 学校工作和班级工作应最大限度地依靠民主管理和制度管理，少一些人治，少一些无效劳动。

——魏书生

⊙过渡期：班主任指定制

班主任指定制是一种过渡期的班干部选拔方式，是未经过全班学生民主选举的过程，只是班主任根据自己管班的经验和初步调查得来的信息，在刚开学的较短时间内直接任命班干部的方式。

对于新接手的班级，班主任对学生的信息掌握不够详细，对每个学生的性格、能力以及对班级建设的关心程度也不甚了解。但是班级工作一天也不能缺少班干部的配合，具体的工作需要有具体的学生来负责监督，在民主选举产生新的班干部之前，班主任指定制必不可少。这也要求班主任在指定班干部之前，必须做好准备工作。

首先，班主任要全面了解本班学生的有关情况，可以采用下列方法：

1. 查阅学生的学籍登记表、班级记事本等书面资料，了解学生在前几个学期的表现，从中挑选出以前担任过班干部和有较强活动能力、在某些方面有特长的学生。如果是一年级新入学的学生，则最好是关注他们在幼儿园里的表现，为"幼小衔接"做好充分准备，让这些学生在小学阶段继续得到最好的锻炼和发展。

2. 向他们的前任班主任、科任老师了解班级以及每个学生的情况，掌握各位老师的评价意见，为自己在新班级内开展工作做一个参考。

3. 可以对表现良好的个别学生进行家访，了解这些学生的家庭教育和家庭关系情况，这对了解学生的性格和处事能力有很重要的作用。

其次，在开学最初几天里，班主任要注意观察学生之间关系的发展情况，注意听取学生反映的对其他同学的意见和建议，发现好人好事并及时予以表扬。

班主任在做完准备工作之后，并可指定有一定号召力、组织能力和语言表达能力的学生担任临时班干部。

有的班主任在指定期时采用了另一种办法，来了解班级同学的情况。在暂时保留原任班委的同时，采用让每人担任一天班长、每人担任一天学习委员、每人担任一天劳动委员的办法，并及时让全班同学每天评议一次。等到人人轮过一次，班主任对全班同学的工作能力的了解就更为全面透彻，有利于班主任选择称职的班干部。

班主任对自己指定的班干部，要求可以适当宽松一些，让老班干部的能力继续得到发挥，让从未当过班干部的同学有一次展示自己的机会。班主任要注意的是，新的学期一开始，特别是换了班主任之后，一些老干部会不太适应，甚至有所懈怠，而另一些从未当过班干部的学生在新班主任的面前又有锻炼自己的意愿。班主任要善于察言观色，积极调整指定的班干部人员，让指定的班干部能在过渡期配合自己的工作，不让过渡期虚度。

⊙自由竞选，民主选举制

在开学一个月内，也就是班主任指定班干部的过渡期快结束时，就要采用民主的方式选拔班干部，让班干部候选人通过自由竞选、公平竞争的方式走上相应的岗位。

前面我们已经对"公开民主、公开计票"的原则与流程进行了深入的探讨。对于民主选举制的实施，还有以下几个问题应该引起班主任的注意：

1. 班主任在选举前要进行选举动员与意见征求。要向学生讲明选举的意义和具体做法，鼓励同学们正确行使民主的选举权利，积极参与选举活动，培养小学生的民主意识，从而严肃、认真对待选举活动。同时，班主任也要征求同学们对选举的意见，可以让同学们推荐候选人名单。

2. 班主任要提前确定选举的时间，并通知全班同学做好参选准备。选举的场合一般都是采用本班的教室，对桌椅座位的摆放可以适当调整，营造严肃的选举氛围；班主任要事先制作统一规格的选票，增强选举的规范性和严肃性。

3.班主任要教育班内所有学生必须遵守选举纪律。选举前，绝不允许采用威逼利诱的方式进行拉票；选举中，绝不允许有伪造选票、虚报票数的行为；选举后，绝不允许有追查选票、打击报复等做法。对违反选举纪律的学生，必须给予严肃的批评教育，以确保选举工作的正常进行。

采用民主选举班干部的方式，既有利于充实和完善班干部队伍，又有利于培养学生的民主思想、主体意识，调动全班学生参加班级活动的积极性。由于班干部是通过学生民主选举产生的，所以能得到学生的信赖和支持，这有利于他们创造性地开展班级活动，也有利于增强班集体的凝聚力。

⊙班干部的轮换制

由全体同学通过民主选举产生的班干部，应有明确的任期规定，可以定为每届任期一年或半年，具体时限视班级的情况而定。班干部任期届满应及时进行换届选举，一般情况下不得提前或推迟。如因特殊原因需要提前或延期进行换届选举，班主任应与全班同学协商确定。

实行班干部轮换，实际上就是新一轮班干部民主选举的开始。"铁打的营盘，流水的兵"，这里的"营盘"是班级与学生，而"兵"则是班主任。面对"铁打的营盘"，连任或新任的班主任如何实施好班干部轮换制，保持班级工作的连续性与创新性，以下几个方面需要思考：

1.班干部轮换的时机。可采用半学年轮换一次的机制，在下半年刚开始时就着手轮换工作。轮换过早或过晚都不好：过早，前一任班委会没有得到充分锻炼；过晚，则同样会使下一届班干部得不到充分锻炼。轮换要保证前后任班干部有相同的工作时间。

2.要解决好"管理断层"问题。学校工作、班级工作都有一定的连续性，班干部轮换在一定程度上打断了这种连续性。为了解决这个问题，应做好两方面的工作：

一方面，班主任在思想上教育每一个同学。让学生认识到轮换制不是为了"过官瘾"的"轮流坐庄"，而是为了锻炼每个学生的组织管理能力。每个同学都应当珍惜这个来之不易的锻炼机会，认真工作，善始善终，才能对得起班主任和同学们的信任，任何将就着干的短期行为都是要不得的。

另一方面,可以利用班会时间召开轮换的两届班干部联席会议,让上一届班干部给下一届班干部详细介绍自己工作经历与经验教训等等。这样,下一届班干部就对工作安排心中有数,并能够吸收前任班干部的经验教训,避免了开始工作时的手忙脚乱状态。

有的班主任为了避免"轮流执政"对班级建设的影响,在班干部的配备组成上可采用相对固定与短期轮换相结合的办法,既有班级管理体系中的核心学生,又让管理体系边缘的学生得到锻炼,加强了班干部与班内学生的联系,增强了班集体的凝聚力。

实践证明,实行班干部轮换制具有重大的意义。

一是有利于营造班级管理的民主氛围。

班主任个人的民主作风对于班级管理的民主化自然是必要的,但是班级学生干部轮换制则从机制上保证了不管班主任的民主作风如何,班级管理也能实现民主化,有利于培养学生的民主意识,为学生提供了最大限度的民主生活的实践机会。

二是有利于促进小学生的身心发展。

现代学生观的基本点是:学生是人,是不断成长的人。轮换制形成了一种有效的激励机制,让处于不断发展中的小学生有了锻炼自己的机会,使学生干部能最大限度地保持工作的积极性和主动性。同时,小学生生活与学习的班级又可以看作是一个雏形社会,是一个相互关联的角色群。心理学认为,学生在班级中充当过的角色越多,他和集体的联系就越巩固,他接受的教育就越全面,他的个性发展也就越健全。班级学生干部轮换制就为学生扮演多种角色创造了有利条件。

⊙班干部的罢免

对出现重大问题、不能胜任工作职责的班干部进行罢免,是班干部任用中不可忽视的一个方面。对班干部的罢免,班主任应当谨慎从事。学生是未成年人,心理承受能力不强。如果班主任简单从事,因罢免而伤害到学生的自尊心,就会对学生的健康发展产生严重的影响。如果班干部是通过全体学生民主选举产生的,那么罢免也不能由班主任一人说了算,也要通过全体同学参与表决的方式进行。

班主任应当把罢免班干部的过程,变成既让班干部认识自身问题、错误,又使他心悦诚服地接受罢免，并能满怀信心与希望继续前进的过程。能做到这一点，那么班主任对班干部的罢免就是成功的。在罢免班干部时，班主任一定要保持平和的心态，不以惩罚为目的，而要以完善班干部队伍、促进班委会更好地工作为行动目的。

☞ **案例现场**

某班班长在开学初由全班同学民主选举产生，一开始工作还是非常努力的，管理班级纪律毫不懈怠。但他为了维持班级的纪律，采用了打骂、威胁、罚站的手段，在同学中产生了不好的影响。班主任知道这个情况之后，也多次提醒他注意自己的工作方式。但他做起事来，还是用自己的那一套，自以为很有效、很有威严，而同学对他的工作方式也越来越不满。在这种情况下，班主任决定对这位班长实行罢免，但他是这样对班长说的："同学们对你的工作方式有意见。这样吧，你把自己担任班长以来的工作情况写一份申辩书，在周五班会上向同学们宣读，争取同学们对你的支持，到时候再让大家民主投票，决定你是否继续担任班长。"

班主任的话虽然很平和，但是立刻对班长产生了很大的压力。他知道自己可能在班会上被全班同学民主罢免，于是很用心地写申辩书，详细阐释自己在任职期间所做的工作与成绩，争取同学对自己的支持与原谅。

在周五的班会上，班长宣读了自己的申辩书。有部分同学起初对他的意见很大，在听完他的申辩之后，对他的印象有所好转，反对的态度不像以前那样强烈了。最后，班主任让全班同学投票，表决是否罢免班长。表决的结果是全班52名同学，21名同学投了支持票，31名同学投了反对票。这位班长最终被民主罢免。

班主任在表决结果出来之后，又当场对班长说了这样一番话："从表决结果来看，你是被全班同学以少数服从多数的形式民主罢免的。但是你更应该看到，全班还有21名同学是支持你的，你也并不是一无是处。希望你在今后一段时间里，好好反思自己的工作方法，向其他班干部学习工作经验，争取在下学期班干部竞选中再次当上班长。感谢你这段时间工作，谢谢。"班主任说完，微笑地鼓起掌来，其他同学也随即鼓起掌来，没有嘲笑，只有感谢与希望。这名被罢免的班长在大家的掌声中，乐观地接受了这个结果，他知道以后自己应该怎样做了。

【**案例分析**】

案例中的班长在因工作方法不当引起同学强烈不满的情况下，如果继续担任班长，势必会影响到班级工作的顺利开展和班级的团结力。班主任在劝导无效的情况下，对班长实行罢免也是万般无奈的举措。

【案例对策】

案例中班主任采用让待罢免的班长写申辩书、让全班同学投票表决的方式实行罢免，并对被罢免班长进行了当众的安抚，收到了良好的效果，也给我们一些深刻而有益的启示。让待罢免的班干部写申辩书，维护了班干部自我辩护的权利，有利于班干部进行自我反思，也有助于让同学们更深刻地了解班干部为班级工作所付出的努力，不能因班干部一时的错误而掩盖他的工作成绩，从而让全班同学客观公正地评价班干部，实行自己的否决权。这同样是对班干部选举民主程序的维护与延续。

此外，罢免班干部一定不能一罢了之。对被罢免的班干部，班主任的安抚工作一定要及时跟进，或公开或私下，班主任可以视具体情况而定，维护他们的自尊心不受伤害。

案例中的班干部罢免是出现在班干部好犯错误时，班主任无奈之下所做出的举措。其实对班干部的罢免也可以定期举行。有的班主任就采用了在班干部任期内进行中期投票表决的方式，以检验班干部的工作成绩以及在同学们心目中的形象。此做法类似于美国总统任期内的中期选举投票。这种做法的好处有：

1. 有利于让班干部在一上任时就保持谦虚谨慎、踏实认真的工作态度，始终保持良好的工作状态，尽量避免出现错误，有错必改，达到自我警醒的作用；

2. 有利于督促班干部重视维持与同学之间的关系，树立自己在班级中的良好形象；

3. 中期投票表决制度推动了定期罢免制度的完善与规范，避免了因班主任个人意志所实行的"突击"罢免带给同学自尊心上的伤害。

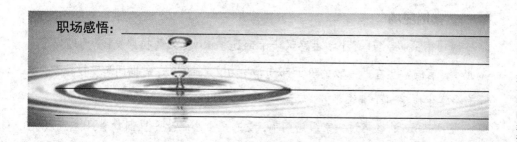

职场感悟：_____

第五节　不容忽视的几个问题

教海拾贝： 对于儿童，做父母，做教师的责任，便是如何教导他们，使之成为健康活泼，有丰富知识，有政治觉悟和良好体现的现代中国儿童，现代中国人。

——陈鹤琴

在班干部的选拔过程中，有很多存在于选举过程之外的问题，影响着选举的进程与实际结果，需要班主任予以重视，并运用恰当的策略加以应对与解决。

⊙如何对待班干部候选人的"拉票"行为

对于任何一种选举来说，无论是国家领导人的选举，还是小学班干部的选举，拉票是一种正常的现象。小学班干部选举中的拉票行为，表明候选人在积极地表明自己的竞选努力，有利于以此为契机拉近候选人与同学之间的距离，也推动选举人在选举之前全面比较各位候选人的情况，做出客观、公正的选择，为班级建设选拔出优秀的班干部。

但是，目前在小学校园中，幼稚的小学生的拉票行为却出现令班主任和家长感到困惑的问题。比如，有些高年级的小学生非常希望当选班干部，就会在选举前把其他的小朋友邀请到自己家中去玩，或是请同学吃饭。"其实这跟家庭的影响是很大的，孩子往往会无意中跟大人去学。"

我们再来看一则新闻报道中的小学生"拉票"现象。

☞案例现场

《河南商报》曾以"小学生感叹班干部选举水太深，为拉票发钱"为题发了一篇报道。有的学生在新一轮的班干部选举中为了竞选成功，就向同学发钱拉票，甚至有小学生抱怨班干部选举"水太深"。

某日中午，记者路过一家饭店门前，看见几个小学生手里都拿着10元或20元的钞票。其中一个男孩手里拿着10元钱，一直往一个女孩手里塞。女孩边往外推边说："不要不要，浩浩已经给我20元了，我得选他。"

巡逻到此处的巡防队员见几个孩子手里都拿着钱，就上前询问。其中一个穿蓝色上衣的男孩指着正在给钱的男孩说，他们班另一个同学浩浩也想当班长，给他们一人发了20元，十几个人都领了，"他太抠门了，一人只给10元，太少了肯定难选上。"

听到这儿，巡防队员和记者才明白这是在拉选票，后来又从小学生那里得知，想当班长的都给同学送礼物，有的拿自己的压岁钱买糖果送给同学，有的直接给钱。"都是这样的。"几名小学生说这在他们学校很普遍。

随后，记者随机采访了几名放学的小学生，"我不会参加班干部选举了，没劲。"鹏鹏说，竞选"水太深"，每次都是那几大天王（教工子女）永不倒，就算自己成绩比他们好，也选不上。

【案例分析】

这则报道中反映的学生拉票行为，确实已经变味了。用钱、糖果，甚至是请吃饭，直接是物质的形式来引诱拉拢，无疑对班干部选举的公正性造成了极大的破坏。小学生这种"贿赂"行为主要还是受到社会风气的影响，家长的责任很大。

【案例对策】

有专家提醒，对于幼儿教育，家长一定要特别注意，有一些行为要让孩子适当地回避，小学阶段是以学习文化课为核心，不要让孩子过早接触社会风气很重的东西，让成人的"潜规则"远离孩子，在大学阶段才应该好好教授他们社会活动和交往的能力。而班主任、任课教师只有自己做到不收礼，不偏不倚，才能为人师表，起到很好的示范监督作用。面对班干部选举的"拉票"行为，班主任更要提高自我要求，关注学生的心理健康。

学生拉票的行为，从侧面也反映了目前在小学班级里班干部竞选的激烈程度。案例中的"拉票"行为是我们所不提倡的，那么，我们不禁要思考：什么样的拉票行为才是合理的？班主任不妨从这几个方面做好引导：

1. 做好拉票的教育工作，强化选举前纪律要求，明确要求学生不准采用物质的形式"贿选"。

2. 通过家长会或家校沟通等形式，做好家长的思想工作，让家长避免用自己的社会思维形式影响小学生的选举行为。

3. 班主任在选举之前，要指导候选人做好自我形象的宣传工作，搞好同学关系，培养自己的群众基础。

⊙如何处理家长的"举荐"

近来，时有媒体报道小学生热衷于在校做官，觉得做官高人一等，是能力和关系等个人综合实力的反映。有的家长为让自己的孩子能在班级、年级或者学校取得一官半职，也有意无意地卷入到了谋官的热潮中。每到选举班干部时，都会有家长积极活动，打电话、拉关系、递条子，认为小学班干部选举就是班主任一个人说了算的事，弄得班主任左右为难。

我们来看下面的一则案例。

☞ 案例现场

某日，班主任在班上向全班同学宣布了下周班会进行班干部竞选。当天晚上，班主任就接到了一位家长的电话。

这位家长的语气非常恭敬，首先向班主任询问了最近孩子在学校、班级里的表现情况。这位家长的孩子成绩一般，平时在班级里也没有太突出的表现，遵守纪律还可以。班主任详细做了介绍，客观地评价了一番。家长应声之后，话锋一转，说起今天晚上孩子告诉她，下周班会进行班干部竞选，孩子对班级活动很热心，也很想当班干部，希望班主任能给孩子一个锻炼的机会。

面对这样的"举荐"电话，班主任往往有一种被"下套"的感觉，不免左右为难，答复起来也颇费力。既不好当场回绝，驳家长的面子，又不能当场答应，让班干部选举出现"暗箱"操作。

【案例分析】

案例中出现的问题，很多班主任都遇到过。甚至有的家长为了自己的孩子能够顺利当选班干部，通过各种形式给班主任送礼。有的班主任也表达了自己的无奈，"因为我是班主任，时不时会有家长登门拜访，拒绝也不好意思，收下又不知道如何处理，真麻烦。"

【案例对策】

面对家长的"举荐"电话，班主任到底应该如何答复，以保证班干部选举的严肃性与公正性呢? 以下是两点策略:

1. 认真审视，给予机会

班主任需要当场向家长说清楚，孩子有很多优点，对家长的推荐意见，班主任也会认真考虑，会给孩子参加竞选的机会。同时向家长强调本次选举的严肃性，所有班干部都是通过投票产生的，当场公布结果。可以让家长指导孩子写好竞选稿，做好竞选前的准备工作，争取在竞选中取得好的效果。

2. 指出不足，留下希望

如果孩子有很多缺点，能力不能胜任班干部的职位，即使通过班主任一人的"强推"当上班干部，也不能得到其他同学的支持，到时候，工作屡屡受挫，孩子受到的伤害会更大。这一点，班主任一定要向家长表达清楚，引导家长放眼长远，把关注点放在孩子自身能力的培养上，而不是在班级里谋得一官半职。

此外，有些班主任为了平衡班主任与家长、家长与家长等各方面的关系，绞尽脑汁地设置了一系列这个"委员"、那个"长"，弄得班里大部分人都有"官衔"。这个现象并不是学生本身要的，也并不是班主任的理性之举，实在是无奈之举。通过这种情况，选拔的班干部往往是班主任一人的决定，未经过班内学生的民主选举，"先天"不足，在班里缺乏群众基础，也为以后开展工作埋下了隐忧。这告诫广大的班主任一定要向学生、家长明示自己的治班体制，用制度说话，妥善处理此类问题。

⊙公平选举莫要成为平均主义

"每个学生都有成为班干部的潜力。"于是，有的班级设置的班干部职位就有些泛滥，"班干部太多"。下面案例中的班主任则让"班上所有的同学都是班干部"，而且班级管理体制运行良好、效果明显。

☞ 案例现场

《金陵晚报》曾报道南京某小学四年五班的每个孩子都是"班干部"。

镜头一: 正值午饭时分，四年五班的孩子们在"餐厅服务员"的带领下，整齐地排着队拿饭。不一会儿，有的孩子就吃完了，他们把饭盒打开，让站在讲台前的小小"服务员"一一检查。"你吃得太少了，回去再吃一点！"小"服务员"对着其中一个同学说，这个同学的饭盒里还留了很多的饭。午饭至少要吃一半才能"过关"。随后，班主任姚老师告诉记者，这些"餐厅服务员"，其实就是本班的学生，一共5个人，两人发饭，两人检查，一人维持秩序，并且每天轮换。

镜头二：当上"矛盾调解员"的魏同学是个调皮小男生。音乐课前他发现同学小张和小王，拿着布条互相抽着玩，他也跟着哄起来。小张一不小心抽到小王的眼睛，小王就要动手打小张，眼看玩笑就要变成打闹了，魏同学赶紧上前阻止，把其中一人先带到音乐教室去了。姚老师笑着说："这种同学间的小打小闹，以前都要到我这里来打小报告，现在学生就可以帮我解决了！"

镜头三：设置了"图书管理员"岗位之后，3名管理员开动脑筋，向全班征集图书，还建议老师把放书的桌子从教室后面搬到前面，又画了海报装饰图书角，并自己制作了借书和还书的表格。他们还规定，借书以一个星期为限，逾期不还的同学一天罚一毛钱，罚款全部充作班费。渐渐地，班里的书多了，达到40本左右。以前丢书或书页残缺不全的情况基本没有了，图书管理工作有序了很多。

像"餐厅服务员"、"矛盾调解员"、"图书管理员"这样的特色职务，该班共有22种，分为学习部、劳卫部、文体部、后勤部、纪检部5个部门。这些特别的岗位是这学期刚刚设置的，班主任姚老师每年都会在班级管理方面想出一些新花样。今年，她在学习《教育原理》教育硕士课程时，留意到了一些班级管理的策略，随后又查找了相关论文，花了一个星期的时间想出了这一套"班级岗位制"。现在，班级里的每一个同学都会有自己的岗位，而且定期根据实际工作情况进行轮换。"不同的岗位可以让学生进行社会化角色体验，有效地培养他们的责任心和自我管理能力。"

此外，在四年五班，班长被称为"管家"。姚老师解释说，班长往往是管理和威严的象征，而学生干部不应该有这种高人一等的感觉。取名"管家"是希望学生从管理者转变为服务者，弱化学生的"官位意识"。同时，姚老师也教育孩子们认识到：只有岗位不同，没有高低之分，都是为大家服务。

为了强化集体意识，对不负责任的同学也有监督措施。如果哪个同学在自己的岗位上没有尽到责任，就要扣部门的分，这样小组的其他成员就会督促他完成任务。

【案例分析】

案例中的班级，每个孩子都是"班干部"。这些班干部并不是班主任为了平衡各方面的关系而采取的无奈之举，而是有具体的理论指导。班级里的每一个同学都有自己的岗位，并定期轮换，有效地培养了他们的责任心和自我管理能力。

【经验品评】

案例中姚老师的班级管理体系是很成功的。看似每个同学都是班干部，其实是弱化了小学生把班干部当成"官"的意识，而是把班干部看成是一种责任与工作。分工细致，每个人都担任了自己喜欢、适合的工作，积极地为班级做贡献。

看来，一个班级里的班干部体系不在于人数有多少，而在于是否能尽到自己的职责。笔者认为公平选举莫要成为平均主义，应避免出现一岗多人、人员冗杂的现象，而是每一位同学都有不同的职位，分工细致。在每一个同学都有具体工作任务的基础之上，班干部体系还是应该形成一个较固定的领导核心，否则会削弱班委会的领导力。

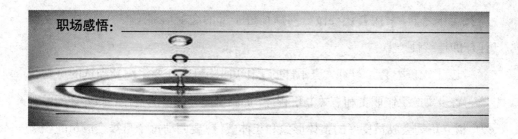

职场感悟：

第一章　班干部的选拔

第二章　班干部的岗前培训

第一节　对不同年段班干部的岗前培训要求

教海拾贝：　培养教育人和种花木一样，首先要认识花木的特点，区别不同情况给以施肥、浇水和培养教育，这叫"因材施教"。

——陶行知

在班干部选举之后，班主任除了做好落选同学的思想工作、两届班干部的交接工作之外，紧接着还要做好对新任班干部的岗前培训工作，以保持班委会工作的连续性。

1. 组织班委会学习有关班干部的工作知识。班主任要组织新当选的班委会学习各班委的工作职责和有关办事程序，提高班委会成员的责任心和处理问题能力，树立班委会成员良好的整体形象和集体威信。要调动每个班委会成员的积极性和负责精神，使全班同学从新班子身上看到本班前进发展的光明和希望。

2. 在对不同年段的班干部进行岗前培训时，班主任要根据该年段学生的心理发展特点来进行侧重点不同的培训目标。

⊙低年段：树立勇气，明确职责

小学1-2年级是小学六年学制中的低年段，这个年段的班干部总体还是天真烂漫的儿童，行为思想表现难免有单纯幼稚的地方。而且一年级的小学生来自不同的幼儿园，受到的幼儿教育水平不一，很多小干部虽然有在幼儿园里担任班干部的经历，但是升入小学后还存在着对学校环境陌生、对班主任的要求不能准确理解、在同学面前表现怯懦等问题。所以，对低年段小干部的岗前培训主要目标是"明确职责，树立勇气"。

我们一起来看下面的案例。

☞ 案例现场

新学期开学的第二周，一年级某班的班主任已经安排好每天卫生值日生，她决定再找一名同学担任劳动委员，负责协助老师搞好教室的卫生。于是，她微笑地问全班同学："有哪位同学愿意担任咱们班的劳动委员？"一双双小眼睛惊奇而又迷惑地望着班主任，前排的一个小男生奶声奶气地问："什么是劳动委员啊？"班主任笑了笑，又向全班同学说："劳动委员的工作啊，就是负责检查班级里的卫生，督促每天的值日生及时打扫卫生。有没有同学以前在幼儿园担任过劳动委员？"这时，有一个小女孩，马上举起了手，说："我以前在大班里当过劳动委员。"班主任马上高兴地说："从明天开始，你就是咱们班的劳动委员了，负责检查卫生、督促值日，好不好？"那个小女孩弱弱地应了声："好。"班主任微笑地招手让她坐下了。

第二天早上，班主任一进班，就发现那个小女孩已经到班了，正拿了一把小笤帚在认真地扫地呢。班主任一皱眉，看了一下墙上贴的值日生表，再瞅瞅教室里的同学，一眼就发现今天的值日生正在自己的座位上安静地看书呢。这是怎么回事呢？

班主任把那个小女生叫了过来，问："你怎么自己扫起地来了？"小女生疑惑地说："劳动委员就是负责扫地的啊。在幼儿园，我扫地最干净，所以阿姨让我当了劳动委员。"班主任不由得笑了起来，说："那是幼儿园里的劳动委员，你现在是小学生了。小学里的劳动委员可不仅仅要自己扫地干净，还要监督每天的值日生把卫生打扫干净……"没等班主任说完，小女孩就问："什么是监督啊？"班主任这才明白，原来昨天这个小女孩因为不明白"监督"是什么意思，所以并没有弄清楚自己担任劳动委员要做哪些事。班主任将"监督"的意思仔细地解释给小女孩听，这一回小女孩终于明白劳动委员是干什么的了，高兴地笑了。

紧接着，班主任用手一指那个正在看书的小男孩，对劳动委员说："你现在去叫那个正在看书的男同学来扫地，他是今天的扫地值日生。你就对他说，今天你值日。"谁知，小女生又为难了，低低地说："那个男同学长得比我高，他在看书。他会不会不听我的话,打我啊?"班主任又笑了,抚摸着小女孩的头,说:"不会的,你是劳动委员,他一定会听你的。如果他不听你的话,你就说老师让你值日,我在这里呢。"小女孩终于鼓起勇气轻轻地走到那个男同学旁边,小声说:"今天你值日。"那个小男孩马上抬起头来,像突然想起什么事一样,马上站起来,跑过去拿起一把小笤帚就开始扫起地来。

小女孩回头看看班主任,班主任朝她高兴地点点头。

【案例分析】

案例中的那个一年级的小女孩很可爱,她能认真地扫地,却不知道她所担任的劳动委员还需要做哪些事。由于一年级小学生的认字水平有限,班主任使用的个别词语,也对小干部明确职责起到了阻碍作用;由于一年级小学生对新同学的陌生感,在一定程度上也给小干部行使权力产生了心理上的障碍。可见对一年级小干部的岗前培训,必不可少的内容是让他们听懂班主任的工作要求,明确自己的职责,并且树立勇气去面对全班同学,履行自己的责任与权力。

【案例对策】

对于如何让低年段的小干部明确职责、树立勇气,班主任不必进行统一的岗前教育,因为对于一二年级的学生来说,长时间、大篇幅的说教超出了他们的理解与接受能力,难以起到实际的作用。对小干部的岗前培训,有时需要班主任通过一点一点地说,手把手地教,才能让他们明白自己应该去做什么、怎样去做。由此可见,低年段的班主任培养得力的班干部需要付出更多的精力与耐心。

如果从课程归属的角度来看,那么对小学低年段的班干部进行岗前培训就是在上一门"品德与生活"课。这是有章可循的,2011年版"义务教育品德与生活课程标准"就指出品德与生活的"课程活动应注意与班级活动、学校活动、少先队活动、社区活动、节日庆典活动等结合起来",可见两者的关系非常密切。我们不妨将2011年版"义务教育品德与生活课程标准"(以下简称"品生新课标")中的相关理念进行迁移,有助于班主任思考对低年段小干部进行岗前培训的对策。

"品生新课标"前言中对小学低年段是这样描述的:"小学低年级阶段是儿童从幼儿生活向小学生活过渡并逐步适应学校生活的重要时期,也是儿童品德和行为习惯、生活态度、认知能力发展的重要时期。"从这段话中,班主任可以领悟到"幼小过渡""幼小衔接"在小干部岗前培训中的重要性，即让小干部尽快适应新环境、新教师、新同学，克服在升入小学之后产生的陌生感、畏惧感，树立起勇气。

"品生新课标"中的基本理念（二）：珍视童年生活的价值，尊重儿童的权利。"学校生活是童年生活的重要组成部分，参与并享受愉快、自信、有尊严的学校生活是每个儿童的权利。"对小干部的培训，应着眼于他们在学校、班级里发生的一切点滴小事，从他们的集体生活状态中，培养他们对自己作为班干部所拥有权力的认识，并能积极地去行使，完成自己的职责。

"品生新课标"中的基本理念（三）：道德存在于儿童的生活中，德育离不开儿童的生活。"儿童品德的形成源于他们对生活的体验、认识、感悟与行动。只有源于儿童实际生活和真实道德冲突的教育活动才能引发他们内心的而非表面的道德情感、真实的而非虚假的道德认知和道德行为。良好品德的培养必须在儿童的生活中进行。"班主任对小干部的培训，并不能与他们作为普通学生的学校生活相分离，而要注重让小干部在自己的实际生活体验中去领悟班干部的应有品德水平，提升自己的工作能力与素养。班主任可采用与小干部每天对话谈心的方式，了解他们的心理状态，避免心理误区，达到培训的目的。

⊙中年段：各尽其职，学会配合

小学3—4年级是小学六年学制中的中年段，"小学中高年级是学生逐步熟悉和理解社会生活的重要时期，也是形成道德情感、道德认识和道德判断能力，养成行为习惯的重要阶段。"这个年段的班干部经过低年段的工作磨炼，对各种职位所承担的职责已有了明确的认识，能够做好自己所承担的工作。但是班委会作为一个团队，需要各位班干部之间密切配合，才能做好中年段的各项班级工作，而中年段的班干部主动寻求合作的团队意识较薄弱，在工作中争强好胜，努力表现自己的工作能力与成绩，而不能坦然尊重与欣赏其他班干部的优点与工作成绩；班干部之间往往还会因为一些工作之外的小摩擦而影响彼此之间的关系，进而对班级管理造成很大的阻碍。

如果从课程归属的角度来看，对小学中高年段的班干部进行岗前培训就是在上一门"品德与社会"课。结合2011年版"义务教育品德与社会课程标准"(以下简称"品社新课标")的相关要求,班主任对中年段的小学班干部进行岗前培训也有相关的课程理念可参考。

"品社新课标"要求中高年段的小学生"学会清楚地表达自己的感受和见解,倾听他人的意见,体会他人的心情和需要,与他人平等地交流合作,积极参与集体生活。"这要求班主任在培训中年段班干部时要注重培养他们的言语表达能力,不但要会做,还要会说,更要会"听",能通过语言的沟通与交流,增进班干部之间的友谊,让他们在班级管理事务中平等合作,密切配合,共同完成班级的活动目标。

"品社新课标"课程内容设置与中年段的班干部培训也有密切联系。在"我们的学校生活"课程内容中要求中年段的学生"了解学校主要部门的工作和发展变化,增强对学校的亲近感,尊敬老师,尊重学校工作人员的劳动。"并提出教学活动建议"通过不同途径,了解并交流学校某一方面的发展变化。访问老师或学校其他工作人员,并向同学介绍他们是怎样为培养学生辛勤工作的。"班主任要引导中年段的班干部拓宽自己对集体的亲近感,更多地从工作的角度来认识学校的工作模式和班级管理的一些基本理念,提高自己的管理素养,而不再是低年级时仅从感性印象的角度去认识学校与班级这种与自己目前的生活最相亲近的集体组织。

⊙高年段: 交流互学, 自主管理

小学5–6年级是小学六年学制中的高年段,这个年段的班干部在工作经验、身心发展方面都很成熟,但是工作能力的继续提高也到了一个"瓶颈"阶段,因为他们在小学阶段可能已找不到更多可被自己视为榜样的学习对象了。班主任应创造条件,继续提升他们的工作能力。

"品社新课标"中指出"学生的品德与社会性发展是在逐步扩展的生活领域中,通过与各种要素的交互作用实现的。"高年级的小学生由于心理与社会阅历的发展,在学校内有了扩展交往范围的需要,这种交往有时不仅是跨班级,而且可能是跨年级的。对于高年段的班干部,班主任对他们培养的重点应是"交流互学,自主管理"。"自主管理是指学生独立、主动地按照社会的期望对个人的行为调控的过程。"包括学生群众的自主管理和学生个体的自主管理两个方面的内容。班主任应鼓励高年级班干部保持应有的稳健与成熟,虚心向周围的同学学习,对于心灵的成长,多汲取一些"精神杂粮";不再一味地以本班作为自己展现才华与能力的舞台,而是积极去寻找更广阔的工作平台,比如说在大队部、校级专业社团、校级兴趣社团等组织中去发挥自己的作用。

"品社新课标"在课程内容"我们的学校生活"部分中设置了"通过学校和班级等集体生活,体会民主、平等在学校生活中的现实意义"的内容,并提出教学活动建议"分析班级民主参与和管理的现状,提出积极建议。"高年级班级管理的一个重要特色是学生的自主管理,引导学生在民主、平等的氛围中实行对本班事务的自主管理。班主任应带领高年级班干部研究民主管理制度的常见形式,让他们结合本班实际建言献策,付诸行动,最终达到自主管理的目的。

职场感悟:

第二章　班干部的岗前培训

第二节　关注心理动态，及时调整任职

教海拾贝： *班级要实现管理自运化，先要培养一批热心于班级工作的班干部。*

——魏书生

在新一届班干部产生之后，立刻就要走马上任了，因为班级工作一天也不能离开班干部的配合与工作。所以，对班干部的岗前培训与日常的工作是紧密联系在一起的，不能完全分开。班主任在新任班干部上任的前几天内，一定要细心观察班干部对自己所承担的职位与工作的适应程度，以及在具体工作中所表现出来的工作方式与态度。

⊙察言观色，了解班干部对将任职务的态度

小学生作为未成年人，对待不顺心的事，一种常见的表现就是立刻会在表情上把自己的心情呈现出来。小学生班干部虽然是小学生群体中较为优秀、较为成熟的学生，但是仍然会毫不掩饰地将自己的心情表现在脸上，喜怒形于色。班主任要注意新上任班干部在工作中所表现出来的心情，及时了解班干部对自己所做工作的心态与情绪。

请看下面的一则案例。

☞**案例现场**

在新一轮班干部选举中，张同学被同学们选举为班里的生活委员，她很高兴能顺利当选这个职位。但是走马上任的第一天，就出现了问题。班主任发现张同学在中午给同学打饭时不太高兴，打饭的动作也很懒散，一个劲儿地往自己的座位上瞅，小嘴噘得很高。班主任一看她的座位，她的餐盘里已打好了饭菜，只是需要等全班同学打完饭之后，生活委员才能回到座位上吃饭。班主任大致猜到了张同学不

高兴的原因。

吃完午饭后，班主任把张同学叫过来，微笑地问："我发现你给同学们打饭的时候不太高兴，为什么啊？""我不是因为给同学们打饭不高兴，只是我看着同学都在吃饭，我有些饿了，所以感到不舒服。"果然不出所料，张同学是因为自己当上生活委员之后吃午饭比其他同学稍晚一些而不太愿意。

班主任马上做起了张同学的思想工作："生活委员要做的工作就是为同学们服务，如果中午没有生活委员维护午餐纪律，让同学们排队依次打饭，并帮同学们盛菜盛饭，那么午餐秩序可能就会出现混乱，你争我抢，那样谁都吃不好饭了。当了生活委员其实也只是比往常晚了五分钟吃饭，能不能克服一下困难，高兴地做好自己的工作呢？"经班主任这么一说，张同学的心情舒畅了许多，感觉到当了生活委员就应该比以前多付出一些，这样才能更好地为同学们服务。于是，她高兴地点点头，向班主任保证自己以后会高兴地做好中午帮同学打饭的工作，不会再因为自己晚吃一会儿饭而不高兴了。

【案例分析】

案例中的事情其实只是一个小细节，反映了张同学在新当选生活委员后刚一开始工作时心理上出现的波澜。这个小细节不应只从表面上看成是张同学一时的情绪使然，而应看到出现这个情况是有其内在原因的。如果班主任不能及时发现，在班级管理工作中帮助她妥善地处理好自己与集体的关系，化解她因为工作而产生的不良情绪，反过来就必然会影响她工作的积极性和责任感。

【案例对策】

案例中的班主任敏锐地观察了新任班干部的工作态度，发现了张同学在工作之时出现的神态，感受到她不高兴的心情，及时与之沟通，了解个中原委，并有针对性地做好思想工作，引导张同学克服自己的思想误区，认识自己工作的重要性和应为之付出的贡献与努力。张同学经过班主任的开导与教育之后，能够想通自己为班级工作应付出的努力，不再因为自己晚吃午饭而不快，从而能做好自己的本职工作。

从上面的案例中，我们可以看出，班主任善于"察言观色"，能及时了解新任班干部的心理状态，并及时加以疏通引导，对培养优秀的班干部是非常有必要的。同时，作为班主任，面对班干部情绪上出现的不良状况，不论是什么原因，都不能过分苛求班干部，不能要求小学班干部凡事都能做到以集体利益为第一。对于那些不能正确处理个人利益与集体利益的班干部，班主任要做的第一件事是尊重班干部在个人利益上的合理诉求，耐心地听他们解释，而不应是斥责，更不应用"集体利益高于一切"的大帽子来压他们。在尊重的基础上，班主任才能做到对这类班干部的思想教育工作，推动他们愉快地改变自己最初的想法，提高自己对集体利益的认知水平，做好班级管理工作。

⊙采用民主方式，在正式就任前调整职务

当发现新任班干部在工作岗位出现不适应或者是消极的工作状态时，班主任就需要对这些班干部的职务进行及时、适当的调整。有时，一些班主任也会给这类班干部一些时间来进行自我调适，以求能达到自我适应新任职务的目标，但成效不大。倒不如采用民主的方式，尊重新任班干部的意愿与班级同学的意见，进行一个合理的调整，或者是调职，或者是离职。

请看下面的这则案例。

☞案例现场

李同学在新一轮班干部选举中，竞选的职务是体育委员。他平时在班级活动中的表现很积极，学习成绩也非常好，而且也愿意帮助其他同学，人缘不错，所以同学们对他的支持率很高，顺利当选为体育委员。

但是李同学第一次整队，就出现了问题。作为体委，是需要响亮地下达口令来管理队列的，但面对全班的同学，李同学的声音一下子变得很小，很多同学听不清他下达的口令，对于一些没有站好的同学，他虽然看见了，但好像不敢上前去提醒，只是在原地作一个简单的手势提醒，离他远一点的同学根本不会注意到他的提醒，队列自然也就站不好了。

这个问题，是班主任最开始没有想到的，因为李同学平时说话的声音并不小。班主任分析可能是由于他面对全班同学时心里紧张，所以声音变得很低。班主任把李同学叫过来，问他为什么下口令的声音那么小？李同学很着急地说："我看到那么多同学在看我，心里一下子就紧张了，声音也变小了。后来，我喊完口令，看见有

些同学根本就没有听我的口令，我就更紧张了。老师，我该怎么办啊？"班主任帮他分析原因："有些同学没有听到你的口令，这是因为你的声音变小的缘故。而声音变小，你也清楚是因为自己太紧张了。所以你必须克服紧张，下口令时勇敢地喊出来。"

李同学听完班主任的话后，也认识到自己紧张的问题必须马上解决，否则会影响到他做体委的工作。但是第二次整队，他的声音依然很小，紧张的问题还是没有解决。其他同学开始起哄、嘲笑他，他对自己也越来越没信心了。班主任认为不能再这样继续下去了，必须进行调整。

班主任先让班委会内部时进行一个协商，讨论一下这样的事情应该怎样做，是否需要让全班同学再进行一次投票改选。后来，班委会讨论之后认为，这样的事可以在班委会内部进行协调解决，如果再进行一次全班投票，不但会花费更多的时间，而且会使该同学在同学心目中的形象受到影响。班主任对班委会的分析很满意，同意在班委会内部进行调整。班主任又和其他的班干部分析了李同学身上的优点：学习成绩好，善于帮助别人等等。于是，班委会进行了内部投票表决，将李同学的职务由体育委员调整为学习委员。李同学也很高兴接受这个调整，并表示一定会发挥自己在学习方面的优势，积极帮助同学，让更多的同学在学习上得到提高。

【案例分析】

案例中的李同学在第一次整队时，就出现了紧张、声音小的问题。这是作为体委工作必须解决的问题。但是，李同学的心理问题并不能得到很快的解决，同学们也开始嘲笑他，不支持他的工作。面对这种情况，班主任必须进行班干部的岗位调整，以保证班级工作的顺利开展。

【案例对策】

值得注意的是，案例中的班主任并没有因为李同学做不好体委工作而直接撤掉他，而是采用了民主的方式进行职务调整。先是在班委会内协商解决的办法，然后在充分分析李同学的优势条件之后，进行投票表决，将李同学的职务调整为适合他自身条件的学习委员。这一过程充分体现了民主与尊重。

同时，这个案例也给我们另一层面的思考，对于有较好人际关系的同学，虽然他在竞选中能获得很多同学的支持从而顺利当选。但这类同学也往往存在对自身优长认识不清的问题，对自己适合的班干部职务缺乏一个准确的定位，"所选非所长"。这样不但会使自己的能力得不到很好的发挥，影响班级工作的顺利开展，而且还会辜负同学们的期望，降低同学们对自己的支持率，影响同学之间的关系。可见，班主任对这类同学在选举之前，就应引导他们对自己适合的职务做出准确判断，降低岗位调整的频率，保证新任的班干部能较快地到位工作。

职场感悟：

第三节　新班委，新目标——树立共同的班级奋斗目标

教海拾贝： 集体主义教育的实践，首先在于激励学生自由地、自觉地实现集体的目标。

——[苏]苏霍姆林斯基

苏联教育家马卡连柯曾说："真正的班集体并不是单单聚集起来的一群人。""集体是由于目的一致，行动一致而结合起来的，有一定的组织机构和组织纪律的统一体。"学校是以班级为单位把学生组织起来，实施教学管理。但是，班级不等于班集体。只有全班学生目标一致，团结合作时，才成为真正的班集体。

作为一名优秀的班主任，管理班级的目标绝不能只是维护正常的教学秩序、看好学生，保证学生的安全和学习，而忽视了学生对自己所在的这个班集体大家庭的感知，不能促进这个班级呈现阶段性的发展，失落了把班级建设成为一个朝气蓬勃、积极进取的班集体的大目标。这样的班级也便失去了发展的动力，失去了感召学生团结奋进的凝聚力；而不善于引导班干部树立班级奋斗目标的班主任，最终也只能成为孩子们生命中的一个"过客"，对于学生的良好发展无甚助益，对于班主任自身的成长也是碌碌无为。所以，要想管理好一个班级，同时也推动班主任自身的成长，班主任就要善于引导新任的班干部树立共同的班级奋斗目标。

⊙对班级的发展和成绩进行回顾总结

虽然在小学六年的时光中，管理一个班级的班主任并不一定是一个人，但是面对一个存在六年、并将成为孩子们永远的童年记忆的小学班级，每一任班主任都应该引导学生记录班级的发展历史，最好是能培养学生编写"班级发展史"的能力，或者是用"班级日记"的形式进行文字记录，或者是及时采集整理不同阶

段、不同活动的照片。这些宝贵的资料不但会对班级的发展沉淀经验，而且将会成为班主任与孩子们值得珍藏的记忆。

对于一个班级来说，不能很好地总结过去，就不能更好地向前发展。在小学的班级中，由于每个年级的学生身心发展程度不同，所以班级本身所呈现出的阶段性特征就很明显。作为小学班主任，要有意识地引导学生记录每个年段、学期内班级所取得的成绩，总结班级和同学在成长过程中所收获的宝贵经验。比如，在某一个学期内，班级在学校的评比活动中取得过哪些称号、奖励，班级内举行过哪些有意义的活动，哪些同学在学习上有了明显的进步，哪些同学在校内外得到了奖励或荣誉证书等。只有善于总结的集体，才能有更好的发展动力和团结力。

所以，班主任要引导新任班干部树立班级奋斗目标，首先要对班级以前或是上学期取得的成绩进行一个回顾总结。

请看下面的一则案例。

☞ **案例现场**

新一轮班干部竞选结束之后，班主任组织召开了第一次班委会会议。面对新任班干部当选后兴高采烈、跃跃欲试的状态，班主任没有急于布置最近要做的工作任务，而是让每个人拿出一张纸，列举上学期班级在学校各项评比中取得的成绩，以及班里同学在校内外所取得的奖励或荣誉称号，看谁列举得最多。班主任的这个要求出乎大家的意料，大家都不知道班主任要做什么，只是觉得很新鲜。于是，每一位新任的班干部都在纸上飞快写起来。

过了一会儿，班主任让每一位班干部把自己所写的内容读出来。有的班干部写了很多条，比如班级取得了"课间操"示范班集体、"眼保健操"示范班集体、"环境整洁"示范班集体，某某同学在校内取得了"安全乘车小标兵"称号，某某同学在校内取得了"文明礼仪小标兵"称号，某某同学在校外取得了省级游泳比赛的第一名，等等。有的班干部则只写了几条，都是大家熟知的那几项成绩。

班主任又顺势引导大家思考，为什么有的班干部写了那么多条，而有的只写了几条？思考一阵儿之后，有的同学回答，写得多说明有些同学平时很关心班级发生的事，对班级和同学取得的成绩很留心，写得少说明有些同学平时对班级发生的事不太关心，可能更多的是关心自己的事了。班主任微笑地点点头，又问："现在你们都是班干部了，那么以后，你们觉得自己应不应该更加关心班级取得的成绩？""应该！"班干部们回答得很齐。

"那么，刚才我让大家列出班级上学期所取得的成绩，大家觉得我的目的是什么呢？"有的班干部立刻明白了班主任的意图，是为了让班干部们回顾上学期取得的成绩，总结经验，以便于这个学期取得更多更好的成绩。班主任很高兴班干部能领会他的用意。

于是，班主任带领班干部们针对上学期取得的成绩，逐个分析，总结在争取成绩的过程中存在的问题以及最终取得好成绩的成功经验。经过一番分析总结，梳理经验，班干部们得到了一次很有针对性的岗前培训，对做好班级工作更有信心了。

【案例分析】

新当选的班干部都会表现出"兴高采烈、跃跃欲试"的状态，面对班干部这种可喜的状态，班主任应该做些什么呢？案例中的班主任给了我们一种启示：在保持班干部良好精神状态的前提下，班主任更应引导班干部进行积极的总结与学习。总结什么？从什么中学习？又要学习什么？这是班主任在对新任班干部进行岗前培训时应思考的问题，至于具体内容则可根据自己班级的不同特点进行设计。

【案例对策】

案例中的班主任引导新任班干部先从本班上学期取得的成绩入手，看到本班的优势所在，看到本班同学的才能所在，在已取得的成绩上进行分析总结。总结本班管理的有益经验，学习本班同学的优秀之处，这样的总结与学习可以使新任班干部更好地消化吸收，更快地形成自身的工作能力。

⊙以全新的姿态树立新学期的奋斗目标

苏霍姆林斯基曾说："集体主义教育的实践，首先在于激励学生自由地、自觉地实现集体的目标。"李镇西老师也曾说，作为班主任，我立志让我所带的班富有勃勃的生机和强烈的凝聚力，让每一个孩子都能因为在我的班上而感到成长的快乐。要达到这个目的,首先就得把教师的意图变成学生的意图——当然不是把教育者的意图简单地强加给学生,而是在教育者的目的同孩子的愿望之间找一个自然和谐的结合点,应该让全班学生有一个统一的奋斗目标,因为只有目标才能产生动力。

可见,良好班集体的首要特征就是要有共同的奋斗目标。良好的班集体目标是维系班级全体成员的纽带,是促进班集体发展的驱动力。应特别注意的是,这个目标不应该仅仅由教师一个人提出来,而应该在老师的引导下由学生提出来,比如班级纪律、学习成绩、班级活动、集体荣誉等方面应该达到怎样的目标,学生通过讨论自己来制订。班主任则应注意将目标的激励性和现实性有机地统一起来。只有符合学生心愿的集体奋斗目标,才是符合学生身心发展特点的合理目标,也才能更好地激发学生参与的积极性,使学生全身心地投入,最终顺利完成班集体目标。

小学生是一个对新鲜事物充满向往与活力的群体,足够的新鲜感才能够调动起小学生以及班干部做事的积极性。如果新学期伊始,班级建设还停留在上学期的奋斗目标与管理模式之中,新任的班干部就会产生"穿新鞋走老路"的懈怠感,新上任时的工作热情也会很快消逝。所以,小学班主任应引导选拔出来的新任班干部以全新的姿态树立新学期的新目标。

树立班集体新学期的奋斗目标,班主任还需要坚持主体性原则,发挥学生在班集体建设中的主体能动作用。例如,在开学初,有的班主任先带领班干部分析本班班情和已有的成绩,并结合本学期学校的各项活动安排,制订班级的奋斗目标和发展规划,形成草稿。然后,利用一堂班会课的时间,在班级里的四个小组对草稿进行讨论,补充修改,再进行全班交流,整理出更为系统具体的班级目标。这一过程,使学生感受到自己是班级的主人,感受到老师对他们的尊重和信任。这一过程也使学生明确应该做一个怎样的学生,应该在集体中发挥怎样的作用,从而产生为集体争光的内在动力。

请看下面的一则新学期班级发展规划草稿。

☞ **案例现场**

2010—2011学年度第三、四学期四年××班班级发展规划

一、指导思想

本学期以学校"十二五"改革和发展规划纲要为指导，以"塑造美好心灵"为培养目标，以教学主题文化年建设为重点，深入践行学校"开放式·个性化"办学理念，本着务实、创新、精细、开放的原则，全力建设健康、向上的阳光班级。

二、工作目标

1.针对本年级学生的年龄特点、心理特征，以综合实践活动为载体，充分发挥课堂教育的德育功能，开展灵活多样的活动。

2.切实落实《小学生日常行为规范》，使本班同学在四年级继续加强良好习惯的养成，全面推进养成教育。

3.形成文明守纪、活泼向上的班风，选拔自主自律、品学兼优的学生干部，建立和谐融洽的师生关系。

三、具体工作与措施

（一）班级常规工作

1.班干部换届选举

在开学第三周，进行班级干部换届选举，本着公正、公开、公平的原则，让每一个学生都能得到锻炼的机会，在适合自己的位置上发挥其所长。同时，在班级中养成"传、帮、带"的好风气，让前任班级干部交流工作经验，帮助新任班干部做好班级管理工作。

2.开展"群星闪烁，我最闪亮"个人评比活动

在教室后面的宣传软墙上，设立"群星闪烁，我最闪亮"个人评比专栏，从学习、纪律、劳动、卫生、贡献等五个方面进行评比，期末进行相应奖励。

3.创立"课堂纪律评比制度"等常规管理办法

在班级里的四组各设一名记录员，对每天的课堂情况进行记录，实行加减分，如每次朗读、发言、表扬加1分，每次乱说话、小动作、被批评减1分，打架减2分等。每周一对上周的评比情况进行汇总，并在班级里公布。

4.开展"接力日记"活动

全班分为10个接力日记小组，每组有五名或六名同学，具体要求有：（1）接力日记的内容应是记录当日发生的事情，也可以是自己对某件事的感受或评论，内容要真实具体；（2）日记应标明日期与天气情况，并署名；（3）次日早上，接力小组的其他任一成员要对日记写出一句话的评语，需署名；（4）小组其他成员一致认为日记不合格、书写潦草的，需重写，当日中午前完成。

5.开展"阅览室阅读周"活动

本学期以革命经典诵读为主题，以《红岩》为统一阅读书目，使同学们从中感受革命先烈的英雄事迹，受到爱国主义教育。继续督促自身养成好读书、读好书的好习惯。通过"阅读反馈卡"，开展阅读竞赛。

6.开设"班级记录"荣誉角

本学期，班级取得的集体荣誉，以及班里同学在校内外的学科竞赛、体育比赛、艺术考级等活动中所取得的优异成绩皆可入选"班级记录"荣誉角，鼓励同学不断刷新个人纪录。

（二）结合学校和年级活动计划，在班级里开展各项主题活动

1. 本学期学生主题教育活动，紧紧围绕建党90周年开展系列活动，培养对党、对社会主义的朴素情感，争当"四好少年"。

2. 结合学校庆祝"六·一"国际儿童节开展活动

活动主题我是"Super Star"。"六一"儿童节期间，为了过一个快乐的节日，本班将自发组织同学过一个快乐而有意义的儿童节，班级将开展以下活动：（1）在班级里召开"Super Star"活动，鼓励大家大胆表现，在活动中展示自己的才华；（2）出一期"欢欢喜喜过六一"的文化墙。

3. 清明节主题教育活动

为了迎接清明节的到来，组织同学们以调查研究为主，了解中华民族的战争史、解放史和发展史，了解革命先辈的英雄业绩，从中受到革命理想教育。

主要活动有：（1）认真观看年组的教育片，革命电影：《地道战》、《地雷战》；（2）结合本学期的阅读周活动，阅读革命书籍《红岩》，了解英雄们为了新中国的解放献出了宝贵的生命，珍惜现在的美好生活；（3）召开英雄故事会，交流感受。

4.开展"学校是我家"环境整洁月活动

加强对本班卫生的管理和评比,每天早上、中午的清扫做到及时、高效,分工明确,自主管理。定期进行评比,表彰热爱劳动,有突出表现的同学,使大家在干净、整洁的环境中学习、生活。

5.开展"文明礼仪伴我行"活动

(1)从每个细节着手,利用课间和班会的时间训练队列,使大家能做到走廊里轻声慢步,站队快、静、齐;尊敬师长,善待他人,做文明、守纪的好少年。

(2)推选本班的小小监督员,到本班教室外走廊进行监督提醒,并记录违纪情况。

(3)评选出本班的"文明礼仪"之星,进行表扬和奖励。

3.开展"学校荣辱,我的责任"主题教育活动,进行责任心教育

(1)开展"珍惜身边的一切"体验活动。

(2)建立学校、班级、家庭责任岗。

(3)以"我身边最有责任心的人"为题进行练笔。

(三)社会实践活动"异国菜系研究"

四年级本学期综合实践活动的主题是"异国菜系研究"。通过课内指导、课外实践的模式,以采访、正宗菜系品尝、亲手做菜等方式来开展异国菜系研究,使师生在切身体验中,得到锻炼与成长。

(四)做好期末复习总结工作

结合学年组的复习安排和本班的学习情况,制订本班的复习计划,巩固基础知识,提高阅读与写作水平。

四、月份安排

月份	主要活动
三月份	1."学校是我家"环境整洁月活动。 2.开展安全健康教育系列活动: (1)消防安全教育周"五个一"系列活动; (2)"耳聪目明——关爱用眼健康"系列活动。 3.四年组阳光体育踢毽子擂台赛。

月份	主要活动
四月份	1. 清明节主题教育活动： (1) 看教育片——革命电影：《地道战》《地雷战》； (2) 阅读革命书籍《红岩》； (3) 召开英雄故事会，交流感受。 2. "文明礼仪伴我行"活动。指导文明行为，推选小小监督员，评选"文明礼仪"之星，到各班进行展示。 3. 亚洲饮食体验活动。
五月份	1. 责任心教育："学校荣辱，我的责任"主题教育活动。 2. "走进农博园"体验活动。 3. 踢毽子大课间活动展示。
六月份	1. 庆祝"六·一"国际儿童节活动： (1) 我是"Super Star"。 (2) 各班出一期"欢欢喜喜过六一"的文化墙； (3) 召开我是"Super Star"主题班会，学生个性才艺展示。 2. 世界美食城活动。
七月份	1. 期末复习，学习方法交流会。 2. 期末家长会。 3. 夏令营活动。

【案例分析】

上面所列出的班级发展规划，是由师生共同制订出来的，全面而详细地介绍了本学期班级的建设目标与活动安排，符合师生的共同心愿，有利于激发师生的热情，齐心协力把班级建设好，共同完成班集体奋斗目标。

⊙建设良好的班集体

班集体是小学生在学习生活中所共同拥有的一个"家"。班主任要精心组织、管理和建设好这个"家"，形成温暖和谐的气氛及良好的育人环境，充分发挥集体的教育作用，使班集体成为促进小学生素质全面发展的理想的"家"。

建设良好班集体的原则主要有以下几条：

1. 合力性原则。班主任组织协调班级各方面的教育力量，互相配合，共同合作，形成班集体建设的强大合力。这是科学地建设班集体的关键，没有集体的合力，班集体统一的目标、计划、规范和要求就很难落实。

2. 活动性原则。活动是班集体建设的桥梁。班集体的形成，学生的成长，只有通过活动才能实现，活动育人。活动开展得越好，班集体建设水平就越高，班集体的凝聚力也就越强。

3. 教师主导性原则。"集体的培养者，是聪明能干的教师（班主任）。"（苏霍姆林斯基语）班主任是班集体建设的组织者、领导者和指导者，在班集体建设中起着主导作用，并主要体现在及时进行阶段性的角色转换上。

4. 学生主体性原则。班主任要尊重学生的主体性，充分发挥学生的主体性，充分发挥每个学生的积极性，让他们以主人翁的态度，主动积极地参与班集体建设，真正成为名副其实的小主人。

5. 激励与处罚的结合性原则。在班集体建设中，班主任要注意用激发和鼓励的方法，使每个学生积极参与，奋发进取，进一步发挥他们自尊、自强、自信、自理的品格与作用。同时，采用民主方式，制订班级的管理条例，对违纪的同学进行公平、公正的处罚。

6. 班集体建设与个性发展的统一性原则。小学生个性发展的重要条件是要有良好的班集体，而个性的发展又为集体的发展提供了可能，创造了有利条件。班集体建设的最终目标是全面地发展学生的个性，培养社会需求的各种人才，提高民族素质。

请看下面的优秀班集体评比标准：

优秀班集体评比标准

一、有一支健全的、由积极分子组成的班集体领导核心，全班形成一个团结友爱的集体。具有热爱祖国、关心集体、尊敬师长、团结同学、勤奋学习、热爱劳动、诚实守信、遵纪守法的良好风气。

二、有健全的组织系统和严格的规章制度，班级集体能模范遵守《小学生日常行为规范》，遵守学校各项规章制度，具有良好的班级精神风貌。

三、全班有正确的奋斗目标，具有良好的学风。

四、有正确的集体舆论和班集体凝聚力，有为实现班级目标而经常开展的富有教育意义的共同活动。

五、班级学生具有全局意识，以学校的利益为重，积极响应学校的各项号召，积极参加学校的各项活动，并能团结协作，遵守纪律。

六、班级学生具有合作意识。具有强烈的集体荣誉感、责任感。互相帮助，形成民主、和谐、团结、向上的良好氛围。

七、班级学生具有服务意识，承担学校的服务工作能做到：热情、周到、高效。

八、优秀班集体的班主任要有良好的师德修养，热爱本职工作，热爱学生，能做学生的表率，并积极参加教育课题研究。

九、班主任、班干部能够调动全体同学的学习积极性，形成一个善于思考、勇于创新的局面。积极开展开发智力、培养能力、牢固掌握基本技能的学习活动，以及各种培养创新能力和个性特长的兴趣小组活动，并取得一定的成绩。

十、大多数同学的体质不断增强，95%以上的同学达到国家体育锻炼标准，参加各项活动成绩突出。

十一、班级经常开展寓教于乐的文娱、体育、军训等活动。班级文化建设有特点，确实能够起到教育学生的作用。

依据上面所列出的良好班集体的建设原则与评比标准，班主任在实际工作中要将理论与实践相结合，将标准与行动相统一，打造一个有理论支撑、有实际成效的良好班集体。

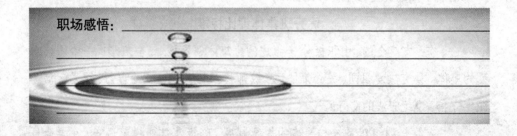

职场感悟：

第四节 学习优秀的管理经验

教海拾贝： *最好的教育莫过于感染，最好的管理莫过于示范。*

——李镇西

"榜样的力量是无穷的。"班主任对班干部进行岗前培训，就要有意识为新任班干部树立起学习的榜样。小学班干部的学习榜样，可以是本班内优秀的往届班干部，也可以是兄弟班或高年级的优秀班干部，还可以是本校或外校涌现出的优秀班集体。班主任应发挥自己的能力，为本班的小干部多准备一些学习的资料，多树立几个学习的典型。

⊙学习先进班集体的典型事例及干部榜样

每学期，学校都会开展各项评比活动，评选出各种优秀班集体，比如："两操三队"示范班集体、"环境整洁"示范班集体，还会评选出各项优秀少先队员和优秀班干部，比如："十星少先队员"、"优秀小干部"、"优秀值周小卫士"等。这些优秀的班集体与个人，都可以成为新任小干部的学习对象与榜样。

班主任在为小干部准备学习材料的基础上，要引导他们注意从这种榜样的身上吸取符合自身特点的宝贵经验与工作精神，要求小干部写学习笔记，踏实地总结自己的学习体会，从思想意识上得到提升，将他人的成功经验与自身的工作实际有效地结合起来。

下面是一则摘自第一范文网的材料，可以成为班主任带领班干部学习先进班集体的素材。

☞案例现场

优秀班集体事迹介绍

××路小学五(2)中队是一个拥有30名队员的班集体。在这个温馨的大家庭里，每个人都在不断发掘自己的潜能，提高自身素质，为这个集体增光添彩。五年来，我们相亲相爱，携手共进，以坚实的步履留下了让我们引以自豪的足迹。

一、树立良好的班风、学风

良好的班风是班级顺利开展工作、健康发展的前提。一个班集体要想有凝聚力，首先必须加强团结，营造一种健康向上的班级氛围，因此我们提出"我是班级小主人，班级就是我的家"的观念，就是要靠集体里每位同学的悉心经营，同甘共苦，同心同德，增加同学们的集体荣誉感，班级自豪感，形成团结协作，拼搏进取的团队精神，这种精神激励着我们不断向前进，形成了一股强大的班级凝聚力。

没有规矩不成方圆，一个优秀的班集体会有一套完善的班级制度来管理，为此，我们每周组织班委例会或是召开班会，共同讨论班级建设计划和发展问题，发扬民主精神，调动广大同学的积极性，让大家一起参与到班级的建设当中。我们共同制订了《五（2）中队安全公约》《五（2）中队节约公约》《班级日常行为规范细则》《班级责任岗分工细则》《班级责任星发放制度》等一系列班级制度，督促同学们学习、做好各项常规工作，为班级顺利前进打下了坚实的基础。

一个班级的班风建设好了，一个良好的学习氛围就自然形成了，让大家在这个学习气氛浓郁的环境中共同进步。有一分耕耘，就有一分收获，在每一次考试中，我们班的平均分都居年级前列，深受老师们的好评，大家也都为身在这么一个优秀的班级感到自豪！优秀的学生更奋发，中等学生不再安居中游，后进学生也激励得要不断进步。

二、培养优秀的班干部队伍

一个成功的班集体，必须有一支能干的班干部队伍。班干部作为联系班主任与学生的桥梁，作为班主任的助手，他们工作能力的高低，工作方法的好坏，在同学中威信的高低，往往能够决定一个班级的精神面貌与学习风气。我们班的班干部是通过学生自荐、竞选演讲、民主选举的方式产生的，后由班主任老师的培训指导，才光荣上岗。现在的班干部们工作认真、责任心强，都能各司其职，互相配合，共同为班集体建设做出了自己的贡献。

在各项班级活动中，班长的作用可谓是功不可没。正副班长既要负责筹划和协调各种活动，也要管理常规工作。他们的工作贯穿于所有的班委当中，使得各项工作有条不紊地进行。同时，他们还及时总结工作经验，加强与班级同学沟通，及时了解并反映同学们的意见，推动了工作更好地进行。两位班长几年如一日地记录《班级日志》，记录大家成长道路上的点点滴滴。

班级美化和黑板报布置工作，是班级的面子工程，而这个大梁就是由宣传委员吕同学扛起的。他不仅自己设计，还把班级里有绘画特长的8个同学组织起来，成立了"黑板报小组"，真是不简单！在她的带领下，通过这些同学共同协作，班级的布置和黑板报评比总是没得挑。

还有"智多星"学习委员刘同学，带领健儿们勇于拼搏的体育委员王同学，多才多艺的文艺委员丁同学，细心负责的生活委员蔡同学……班干部们个个以身作则，他们的工作是出色的，正是有了他们不断努力与付出，发挥先锋模范作用，团结和帮助同学，班级才得以蓬勃发展。

三、责任岗位大家担当

一个良好班集体的形成，除了要靠得力的班干部之外，还要千方百计地调动每个学生的积极性，给他们不断展示的机会。只有让学生在集体中充当合适满意的角色，真正感受到自己是集体中不可缺少的一员，才能充分施展自己的才华，班集体才能充满新的生机和活力。

在创建班集体工作中，我们结合学校"责任心教育"的主题研究，积极创造条件，让学生担当主角，给学生提供自我管理、施展才华的舞台。垃圾管理员、电教设备管理员、桌椅管家、门窗管家……丰富的责任心岗位不仅让每个学生都体会当家做主的辛苦与强烈的责任感，从而进一步热爱和关心自己的班集体，也给学生提供了表现自我的好机会，增强了他们的自信心和自主能动性。

四、开展丰富多彩的班队活动

班级在活动中增强了凝聚力！每个学期我们都会积极参加学校组织的各项活动，并自主开展丰富多彩的班级活动，同学们在活动中学会了拼搏、懂得了品味，感受了胜利的喜悦，承受了失败的挫折。

进入五年级以来，我们班级开展的活动就有：奥运知识小报展览、好书相伴日日读书活动、科技畅想画展览、磁铁游戏设计比赛、小队发言竞赛、双飞pk赛、寒假作文比赛、好词好句摘抄本展览、早自习签到活动、环保天使回收垃圾行动、关心孤寡老人、献爱心活动、学雷锋活动周主题活动、走进历史《上下五千年》阅读月、班级优秀作文选征稿活动等等。

学校活动的各项评比，我们班都能高质量地完成。校读书小报我们班有10张获得特等奖和一等奖；读书家长反馈表有17人获得特等奖和一、二等奖；科技幻想画有十二幅作品获得特等奖和一、二、三等奖；少儿卡拉ok比赛、感恩节演讲比赛，我班选派的选手也获得了很好的成绩。

运动会上，不仅个个运动健儿勇于拼搏，奋力夺冠的精神让人感动，啦啦队的呐喊助威、热情周到的服务也给人以信心与力量，我们从一年级到现在获得的运动会奖状就多达20来张。这些都是我们全班齐心协力、共同努力的结果，这就是班级团结的力量！

我们也有不成熟和不完善的地方，在剩下一年的小学时光中，我们更会满怀希望与激情加强各方面的协作，努力改进不足。作为祖国的未来家庭的希望，稚嫩的我们一定会充满自信、敢于拼搏，用最棒的成绩成为优秀的小学毕业生。

【案例分析】

这则优秀班集体事迹材料，从四个方面详细介绍了班级建设的情况与突出表现。材料中所介绍的工作方法与活动内容，无疑会带给新任班干部多方面的启发，有些方法更可以直接运用到自己的工作之中，可操作性强，省力高效。

此外，这种用文字形式呈现出来的学习材料，条理清楚，重点突出，使小学班干部学习起来，更易于掌握，感受更直接，印象更深刻。

⊙老新一对一，提升新班干部的业务水平

在新一届班干部产生之后，班主任就要组织新老两届班干部进行联席会议，按照相同的岗位进行老新一对一的经验交流，让前一届班干部对新一届班干部进行业务培训和经验介绍。本班前一届干部的工作经验更符合本班的实际情况，新任班干部学习起来更为亲切自然，可以从中了解本班以往所作的工作和存在的问题，使本班的工作具有连续性。同时，前一届班干部在工作中出现的失误与所得到的教训，也可以成为新干部的"前车之鉴"，避免在本届班委会工作中再次发生。

此外，班主任和班委会还可以邀请比自己班高一年级的优秀班干部到本班

来交流工作经验。由于年龄大、年级高的因素影响,高年级班干部的工作经验更有利于得到本班班干部的认可与吸收,很多小干部都是把高年级的班干部大哥哥、大姐姐当作自己的榜样,有意无意地加以模仿学习,使自己在班级工作中逐渐成长起来。

请看下面班干部进行经验交流的一则材料。

☞ **案例现场**

班干部经验交流材料

尊敬的老师、亲爱的同学们:

大家好! 现在,我将一年来工作中的做法和体会向老师和同学们汇报一下:

一、以身作则,做同学们的榜样

身为班长的我在各方面都严格要求自己。在学习上,我上课认真听讲,积极思考,在小组中发挥组长的组织作用,又能和同学分工合作,没有半点凌驾于他人之上的想法。遇到难题,从不退缩,课上想不通,课下绝不休息,实在做不出来就去向老师请教,直到弄懂为止。晚上写完家庭作业,我都要预习第二天要学的新课,有时练练字,所以这一年来我的学习进步很快,在期中考试中取得了年级第五名的好成绩。

作为一班之长,我完全有责任带动全班同学、帮助学习有困难的同学提高学习成绩。新学期开学后,老师开展"一帮一"的活动,班里几个学习落后的同学很快就找到了"小老师",只有小李同学没找着,因为她的基础实在太差了,这时她也急得哭起来。我主动说:"别急,让我来帮你吧!"我主动要求和她前后位,这样便于随时帮助她。有时候她挺懒的,不愿意学,让我告诉她答案得了,有时就是不开窍,怎么讲她也不懂,有好几次我都差点放弃了。可想想如果没有困难要我干什么? 要是她都会还用我教吗? 再说助人为乐,不帮助别人哪里来的快乐呢? 这样想来,工作起来也就愉快多了。小李也在我的帮助下,学习成绩逐步提高。

二、做好老师的小助手 ,全心全意为班级服务

班长是班主任的得力助手,由于我能力有限,还不能帮老师做什么大事,但我尽我所能,想方设法做好老师的小助手。班级组织活动时,我不仅积极参加,还组织同学们好好练。在学会新的课间操时,老师带领我们练习好多遍,也练不好。班

主任很着急，我看了主动对老师说："老师让我们分开组练习吧！这样每个同学少带几个同学就容易了。"老师说："真是个好主意！"于是，我们分成四组，四个负责任的同学各领一个小组有声有色地练起来。然后合在一起，呵，效果很明显，老师笑了，我也开心地笑了。最后我们班在课间操比赛中获得了年级第一名的好成绩。

三、关心同学，团结同学

自任班长以来，我始终坚持做到这一点，从没因为一点小事与同学斤斤计较，遇事总是从班集体的利益出发，从别人的角度想一想，有时候哪怕自己受点委屈，也绝不与同学闹矛盾。同学有什么事也总愿找我帮忙，这是同学对我的信任，我感到很快乐。

有一次晚上放学后，下起了大雨。我刚走出学校门，就看见一个低年级的小同学正站在雨地里等车。我急忙走上前帮他撑着伞挡雨，并安慰他别着急。等了好一会儿车终于来了，我把他送上车，才赶紧往家跑。虽然我回到家比平时晚了半个多小时，可我一点也不后悔，因为我觉得自己做了一件对别人有帮助的事情。

四、分工合作，共同搞好班集体的工作

班长，虽然是一班之长，但仅凭个人的力量是不可能把班级管理好的。我在工作中，注意和其他班干部分工合作，每个人管好自己分工的工作，但有些工作是分不开的，比如班级纪律，这不是哪个班干部一个人就能管好的，需要大家齐心协力，共同管理。上次老师把我们班的黑板报交给了我们几个班委会成员，大家一商量，决定利用双休日的时间办。我们首先进行分工，有负责设计的，有负责版面美化的，有负责撰稿抄写的。这样工作效率很高，大家各负其责，用了一上午的时间就办好了。等到周一同学们来上学时看到焕然一新的板报，都啧啧称赞。

总之，当班长的日子有苦恼，也有欢乐。现在新一届班委会成员产生了，我很高兴有新班长接替我的工作。期待新班长能更好地为同学们服务，并在学习成绩、工作能力、工作方法上有很大的提高。今后，我也将一如既往地对自己严格要求，向其他班干部学习，丰富自己的工作经验。

谢谢大家！

【案例小结】

以上材料从四个方面介绍了班长在一年中的学习、工作情况，有思想、有事例,使新任班干部能从中吸收更多更深入的间接经验,为自己以后更好地工作打下良好的基础。

可见,班主任组织新任班干部学习优秀的管理经验与事例,对培养班干部有着至关重要的作用。既加强了班干部之间的广泛联系,又增加了经验交流与互动的机会,使新任班干部在上任之初便拥有良好的经验储备。

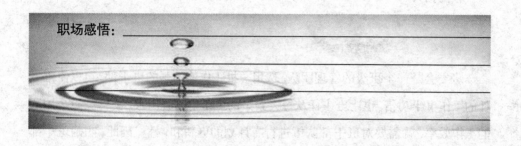

职场感悟:

第五节 明确班干部的试用期和任期

教海拾贝： 合理安排时间，就等于节约时间。

——[英]培根

班委会是一个班级的管理团队，选用一批工作能力强的班干部，可以使班主任的工作事半功倍，也让班主任从每天繁杂的工作中解脱出来。要保持这个团队的工作效率，就需要对班干部队伍进行有计划的更新和调整，因此，明确班干部的试用期与任期时限对促进班干部提高自身的工作效率具有非常重要的作用。

⊙确立班干部试用期和任期的必要性

班主任应对班干部试用期和任期做出明确的时间限定，这样就从制度上保证了班干部队伍的更新换代。一届班干部从产生到结束大致需要经历这样的过程：通过全班同学投票，选举出各位班委，组成临时班级管理团队。一个月的试用期后，如全班评分考核合格后，正式上岗担任要职。每学期期末再进行班委考核总结，评选出最佳班委和值得信任班委，并颁发"优秀小干部"等奖励或证书。下一学期再重新民主选举，实行不合格者下岗的策略，让有能力者都有机会参与竞选。在这个过程中，我们可以看出试用期的始末与正式任期的始末是每届班干部工作的重要时间节点，不容忽视。

确立班干部试用期有以下几方面的作用：

1. 从制度上确立班干部从当选到正式上任的考查期限，为班主任和其他同学评价当选班干部的工作能力提供了一个相对固定的时间段，也是与新任班干部的共同约定。在这个期限里，如果班干部表现不令人满意，班主任和全班同学可以通过民主方式予以撤换，并且能使被撤换班干部易于接受撤换的结果，有效减弱或避免对其心理和情绪上的不良影响。

2. 为合格班干部的选拔再把一道关。新任班干部虽然都是全班同学通过民主投票选举产生的，但是班干部是否具备足够的能力担当起相应的职务，班干部在选举前后对班级工作的态度是否一致，是否能履行对全班同学的承诺，等等，这些问题在选举之前是看不出来的。有的班干部当选之后，得意扬扬，骄傲自满，仿佛从此以后便高人一等，看不起周围的同学，而当初投他一票的同学则有上当受骗、后悔莫及的感觉。确立班干部的试用期，使全班同学对班干部的考查延伸到选举之后，有效地督促当选的班干部积极工作，为培养合格的班干部再把一道关。

3. 对新任班干部自身来说，具有很大的监督和自我激励作用。试用期的确立，使新任班干部清楚认识到班主任和全班同学对自己的监督是全面而严肃的，也使其认识到自身责任的重大，并保持一种"能者上，弱者下"的危机感。在试用期里，新任班干部只有激励自身，积极发挥自己的优势条件和工作能力，做出较为突出的成绩，才能得到班主任和全班同学的认可，并最终正式成为班干部。

在班干部结束试用期、正式成为班干部之后，班主任就应该确定本届班干部的任期时限，一般是一个学期，也可以根据本班的实际，在学期中结束本届任期，进行新一轮的选举，但不宜频繁更换。明确规定班干部的任期，可以促使班干部更加珍惜自己担任班干部的宝贵时光，为班级工作积极奉献自己的能力。如果没有规定明确的任期时间，班干部对自身在班级工作中的存在，就失去了一种在时间意义上的感知，对任期没有时间概念，从而缺乏工作的紧迫感与使命感。

每一次换届选举，班主任都要向班干部及全班学生讲明，班干部不是"终身制"，而是要定期换届重选的。这样使全班学生都明确班干部是能上能下的，这为不称职的班干部"卸任"留下台阶。但在换届时，为避免班干部大起大落，形成挫折感，丧失尊严，无法回到班集体中来，就要留有余地，掌握分寸，能不换的则不换，干不好本职工作的，可以调整工作岗位。非换不行的要妥善处理，使之"软着陆"。

⊙试用期结束前需要做的工作

在试用期结束前，班主任要提前与各位班干部进行沟通，了解他们在试用期内的工作情况与感受，掌握他们对自己任职情况的看法，并积极地加以指导，调整工作心态，改进工作方法。

班主任可以指导班干部写出一份书面的述职报告，对自己在试用期内的工作情况与感受进行梳理总结。利用班会的时间，由班干部向全班同学进行汇报，由同学对述职报告以及该班干部在试用期内的表现进行讨论、表决，出色的地方予以表扬，有问题的地方予以批评，提出改进的建议，使班干部在正式任职之后能够更好地工作。通过这种形式，也有利于加强班干部与同学们之间的交流，及时反映同学对班干部工作情况的意见，有利于增进同学之间的友谊与班级团结。

请看下面的一则案例。

☞ **案例现场**

某班的新一届班干部试用期即将结束，班主任要求各位班干部对自己在这个期间的表现进行梳理汇报，并宣布将在本周五的班会上进行全班评审。班长孙同学一听到这个消息，却发愁了。

她悄悄去办公室找班主任老师，说了她的担忧："老师，我感觉自己在这一个月里没给班级里做什么大事，有时我管纪律时，一些同学并不听我的话，他们是不是对我有意见啊？最近有几次小测试我考得不好，发挥不稳定，不知道同学对我有什么看法？"

班主任看出她对自己的要求很高，但是缺乏一些自信。班主任鼓励她说："你在试用期里的表现，同学们都看在眼里了，虽然你刚才说自己有些地方做得不好，但是同学们的心里是有数的，他们对你有一个公正的评价。你对自己也要有信心，即使做得不好，也要勇敢地向同学们说出来，听听大家怎么评价，吸取同学们的建议，这样你才会在以后的工作中做得更好。你现在回去好好准备述职报告，全面地向大家汇报这一个月来你所做的事情，以及你的工作感受。"

班长听完之后，恢复了自信。她决定认真写述职报告，以便向全班同学汇报自己在试用期的表现，期盼得到更多同学的支持。

【案例分析】

案例中的新任班长，在试用期即将结束的时候，对自己的表现很担忧，对撰写述职报告缺乏信心，这是她从其他同学对自己的反映中产生的。从班长的忧虑中也可以看出，撰写试用期的述职报告，对班干部具有很大的自省作用。

【案例对策】

案例中的班主任对班长的忧虑，及时加以心理疏导，使其能够正视自己的优缺点，较为全面地评价自身，并去积极争取更多同学的支持。

从上面的案例中可以看出，撰写试用期述职报告有利于促使班干部全面而严肃地思考自己在试用期里的表现。班主任不应认为让小学班干部写述职报告是小题大做，因为小学班级的工作内容虽然简单，但"麻雀虽小，五脏俱全"，对小干部考核述职的要求不可少，让小干部体验规范而严肃的任职程序不可少，这也有利于培养小干部在管理方面的专业素养。

⊙指导班干部进行任期规划

指导班干部撰写任期规划书，实际是让班干部自身对班级管理和班级建设工作提出一个符合自身发展特点的构想，这种构想更贴近于小学生身心发展的实际程度，符合班级发展的实际，同时，班干部作为班级同学的代表，他们自己提出的任期规划也更能反映班里同学的实际愿望。

小学班干部的写作能力有限，认知水平也参差不齐，所以班主任有必要指导班干部撰写自己的任期规划。新学期树立起的班级共同奋斗目标，是可供班干部参考的一个行动指南。班干部在这个基础上制订自己的任期规划，就要结合班级奋斗目标的要求进行本职范围内的责任细化。同时结合对自身的学习提高、思想进步的目标要求，将自身成长目标与工作责任目标融为一体。小学班干部的任期规划内容不必太多，从工作、思想、学习等几个方面入手即可，不求多只求细，每个方面的规划宜细，目标明确、可操作性强，不说大话、空话，只做细事、实事，培养起小干部做事细致、踏实认真的好习惯。

请看下面的一则体育委员的任期规划。

☞ 案例现场

本学期体育委员任期规划书

五年×班　　×××

结合本学期的班级目标，我将从以下几个方面进行体育委员任期规划：

一、班级工作方面

1.我将认真履行自己的职责，保证队伍整齐、行动达到"快、静、齐"的要求；

2.本学期我负责队列前方的纪律，并负责下达整队口令，做到声音洪亮，公正认真；

3.我将带领同学积极参评本学期"课前队""课间操"的评比，组织并督促同学们在课间活动时间练习跳小绳和跳跳球，争取在五月份的全年级比赛中取得好成绩；

4.我计划在班级里组织一届男女生共同参加的班级篮球赛。先组成男生、女生各两队，分别进行男子五对五、女子五对五的比赛，决出冠亚军；再组成三男两女的两支混合队，进行一场友谊赛。时间初步定于6月中旬进行。

二、同学关系方面

1.我深知与同学保持友好和谐的关系，是做好班级工作的重要保证。本学期我要继续保持自己在班级的良好形象，赢得同学们对我的支持与帮助。

2.我要积极关心那些在体育方面成绩不理想的同学，帮助同学进行体育锻炼，使他们的体育成绩得到提高。

3.我还将虚心学习其他同学的优点，取长补短，虚心听取同学对我的意见和建议，克服自己的缺点和错误，促使自己更快地进步。

三、自身学习方面

1.时刻提醒自己保持良好的学习态度，培养良好的学习习惯，并学会从其他同学身上借鉴对自己有帮助的学习方法与技巧。

2.保持自己在数学和外语学科的优秀成绩，在数学方面，积极钻研，虚心请教，认真做练习题，努力提高自己的测试成绩。

3.在游泳方面，积极训练，争取在本年度省级青少年游泳锦标赛中取得好成绩。

【案例分析】

上面所列举的体委任期规划书，是从班级工作、同学关系、自身学习三个方面进行阐述的。从中可以看出这名体委对本学期的规划很细心，不仅要做好常规的体委工作，还有自己规划组织的班级篮球赛，这是工作中的一个亮点；除了做好班级里的本职工作之外，还注重发展自己的体育特长，成为一个名副其实的体育委员。

【案例总结】

任期规划，既是班干部给自身定下的一个奋斗目标，也是对全班同学做出的一个郑重承诺，可以成为班主任和全班同学对其考核评价的一个重要参考标准。

此外，写好任期规划，不仅有利于训练班干部的写作能力，还有利于培养他们合理安排工作、学习、生活之间关系的能力，使他们形成"做事有规划、行动有计划"的工作思维与良好作风。

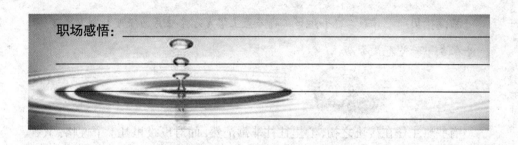

职场感悟：

第三章 班干部的分工

第一节 人员未定, 体系先行

——首先明确班委会的体系结构

教海拾贝: 学校工作和班级工作应最大限度地依靠民主管理和制度管理, 少一些人治, 少一些无效劳动。

——魏书生

有些班主任在接班之初, 心里往往非常茫然, 面对班级里几十个性格、兴趣各异的孩子, 不知从何管起, 有时尽管殚精竭虑, 累得半死不活, 还是不得要领, 缺少适合本班实际的工作方法。其实, 班级管理说难也难, 说易也易。要想由难变易, 首先应该建立健全班级的管理机构。

⊙体系健全, 省事省心

在班干部选举之前, 班主任就要在心里酝酿本学期的班委会体系, 有时有些班主任在新学期开始之前的假期里就进行构思, 力求使新学期的班委会体系有别于以前的学期, 使班委会的构成更有新鲜感, 对个性十足的孩子更具吸引力。每个班的班情不同, 每个学期的特点不同, 每位班主任的工作思路不同, 建构起怎样的班委会体系, 可以说是一个个性十足、独具特色的过程, 是班主任管理艺术的专场展示, 班主任切不可漠视自己所拥有的班级的这个专属舞台, 更不可轻易放弃每一次展现自己独特管理魅力的机会。

一般来说, 对于新的小学一年级班级, 学生间互相不认识, 更缺乏了解。为了尽快开展工作, 班主任可以在了解的基础上指定几位自己认为适合的学生担任临时班干部，协助班主任工作。这个时候，班主任便可以将合适的学生与自己所设计的班委会体系对号入座，虽然有些孩子的能力后来证明不适合班主任所指定的岗位，但是班主任通过临时指定制可以让孩子们熟悉新学期的班委会管理体系的变化。

在这个过渡期里，班主任把所准备筹备的新的班委会体系设想告诉同学们，并引导他们组建干部体系，尽量做到人人有事情可做，对于班主任来说，让孩子不惹是生非的最好办法，就是让每一个孩子都找到事情做。通过班主任临时指定制当上小干部的孩子，可以尝试班主任或自己所设想的特色岗位，通过新班干部体系的"试运营"谈出自己的体会，为改进新学期的班委会体系提出宝贵的建议。这样即使有的孩子在正式选举之前得到锻炼，熟悉岗位，又使班委会在正式产生之前能得到多方面的改进，可谓是一举两得。

当然，如果班主任或同学们所建构的班委会缺少创意，完全沿袭以前的老模式，必然会减弱孩子们"尝鲜"的积极性。哪怕每个学期的班委会体系有一点点新的设计，一个新的特色岗位，孩子们也会为之兴奋不已，跃跃欲试。小学班主任们，要开动自己的智慧头脑，多想一些新点子，使自己的设想充满童真、童趣。

下面的这个班委会体系可以参考一下。

(1) 班委会中心成员。可以采用一般的编制，即班长、副班长、学习委员、组织委员、宣传委员、文艺委员、体育委员、劳动委员、生活委员和心理委员。也有的小学班级，设立纪律班长一职，一般由两人共同担任，不设副班长，主管班级的纪律。

(2) 固定干部确定后，制定值日班长制度，轮流值班。这种办法弥补了在固定干部确定之后，其他无任职的学生得不到锻炼，对班级活动失去积极性的弊端，力求使40-50人的小学班级里，基本每个人都有锻炼的机会。

(3) 设立"特色岗位"。这些岗位的设置，就专为班级里富有个性、但稳定性较弱的学生设置的，也是最能体现班主任管理智慧与艺术的地方。班主任可以自己设计，也可以采用与这类学生单独交流的方式，引导他们自己思考，去寻找自己感兴趣、愿意去做的事。魏书生老师的班上就有类似"鱼长""花长""炉长"这样的特色岗位，在小学的班级里更容易寻找到富有童趣的特色岗位，让孩子们在锻炼自身工作能力的同时收获童年的乐趣。

总之，班主任在接班之初，就要酝酿健全的班级管理机构，并有充足的时间将设想在实际操作中得到试验和改进。机构健全，可以为班主任省去许多麻烦。

⊙所建体系应有利于发挥管理实效，不宜繁冗

班委会体系是一个共性与个性相统一的管理体系，既要有一般班级所应设的职位，又要有符合自己班情的独具特色之处。此外，对班干部体系的建立也需要考虑下面的情况。

(1) 班委会体系的设置既要有自己的特色，又要讲究科学的分工。科学的分工之所以必要，就是因为我们需要合作，因为凭借着班主任一个人的力量想把班级管理好是很困难的。同时，科学分工的职位，可以发挥每位学生的不同能力与条件，也有利于避免职位之间发生责任重合的现象。

(2) 所设置的岗位内容不必太复杂，给每一个学生一件事情做即可。因为小学生的能力有限，内容太难，容易产生畏难情绪，也易出现"集权"现象，不利于班级里其他同学的锻炼成长。只做一件事情，把一件事做好，使学生更快地收获成就感，增强他的自信心。同时，他在管理好别人的同时，也能够很好地管住自己。

(3) 班主任对班干部既要"放权"，更要"放心"，不要害怕学生会把事情搞糟。"放权"是班主任对班干部的期待，学生能感受到责任在肩，"放心"是班主任对班干部的信任，在班干部心里将化成荣誉感，事实证明，责任和荣誉是管住学生的最好办法。另外，班主任很有必要做好随时听到班干部出错的心理准备，小干部出错是避不可免的，管理能力的提高就是在不断地改正错误、改进方法的基础上得以实现的。

这几个方面的问题，都关乎所建的班委会体系是否能更好地发挥管理实效，避免繁冗，使学生产生懈怠的工作情绪。所建的班委会体系，既要使学生尝到鲜，又要使学生感到常鲜，从而保持长久的工作热情与活力。

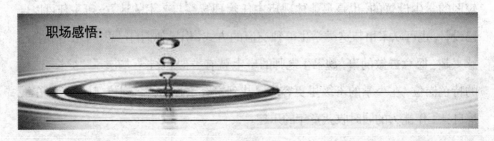

职场感悟：

第二节　曹规萧随，因势利导

——根据班级实际，灵活调整班干部体系

教海拾贝：　　*做教师的要善于调整自己的需要。只有善于调整自己的需要，才能善于调整学生的需要。只有善于调整学生的需要，才算是抓到了教育的关键，抓到了根本。*

——魏书生

有些班主任接手一个新班，对班委会体系的建构能有自己的独特设想是非常值得提倡的，但是，在实际工作中，我们也常常能看到另一种出人意料的情形：有些前任班主任得到了孩子的广泛喜欢，有些孩子甚至在得知有新的班主任来接班，会大声哭泣，充满对前任班主任的喜爱与眷恋非同一般。

当看到这种情形时，新任班主任应感到自己责任的重大，从孩子们的反映可以推断出，前任班主任的工作方法与管理艺术一定有与众不同之处，既赢得了孩子对自己热烈而持久的喜爱，又为这个班级的管理体系奠定了一个不易改变的模式与基调，在孩子们的心里打下了一个不可磨灭的印记。而且，孩子们会自觉不自觉将新任班主任与前任班主任进行比较，由于认知水平有限，孩子们有时会对新任班主任产生不合实际的错误印象与评价，造成学生、家长对新任班主任工作方式的误解和抵触，对班主任的工作造成不大不小的影响和阻碍。

面对这一系列的问题，新任班主任在这样的班级里，应该何去何从呢？

⊙了解前任班主任的管理模式，不轻易更改

既然感受到前任班主任工作方法与管理艺术的与众不同，那么，新任班主任就要从前任班主任那里了解他或她曾使用的管理方法，抱着一种学习的心态。有时，出于同事之间的尊重，前任班主任不便"好为人师"地将自己的管理方法和盘

托出，怕新任班主任产生误解。这就要求新任班主任诚恳地表达学习的意愿，使前任班主任不吝赐教，新教师更要有这种向前辈学习的虚心态度。

如果不能直接从前任班主任那里得到全面的了解，新任班主任可以从孩子们那里了解前任班主任在这个班级里所使用的管理方法。一般来说，凡是孩子们能说上来的，都是得到孩子们认可和广泛接受的好方法。

有时，新任班主任刚接班时，班级里发生了一些事情，孩子们会习惯地说："（前任班主任）×老师说过应该怎样怎样"，甚至一些低年级的孩子还会跑到前任班主任那里抱委屈，寻求解决。出现这种情况，新任班主任千万不能因孩子的天真幼稚、童话无忌而大动肝火，斥责一顿，这样只会加重孩子对新任班主任的排斥与疏远。新任班主任对这样的孩子一定要保持温和而亲切的态度，可以微笑地对他说："这样的事情，老师帮你解决就行了。不用再去找（前任班主任）×老师了。"而解决问题的方法与结果，一定要让孩子感到公正公平，能够坦诚地接受，这样使孩子们增强对新班主任的信赖，拉近师生之间的距离，班级工作才能步入正轨。

新任班主任到底应该如何对待前任班主任的治班之法呢？请看下面的一则案例。

☞ **案例现场**

张老师新接了三年级的一个班，通过与前任班主任孙老师沟通，他对这个班级的学生情况有了一个初步了解。开学初，他暂时保留了上学期的班干部。这些班干部看到换了新班主任，都想好好表现，给新班主任一个好印象。班干部们也都很负责，班级纪律保持得很不错，张老师很高兴。

可是有一天吃午餐的时候，却发生了一件不愉快的事。

负责给同学们打饭的四名生活委员还是沿用上学期的，他们干得还像以前那样认真。但是，班级里有几个纪律性较差的同学，却不像上学期那样遵守纪律了。有的同学嘴馋起来，拿着自己的小饭碗，在队伍里推推搡搡，其他同学还没有打到饭，他已经开始打第二次饭了。还没打到饭菜的同学马上就有意见了，说他不可以在其他同学还没有打完的时候打第二遍，但那个同学嘴里却说："反正张老师又没说不让这个时候打饭，为什么不可以？"走廊里一片争吵声。

生活委员马上把发生的事告诉了张老师，张老师把违反纪律的同学叫过来，那个同学还振振有词地说自己的理由。张老师便询问生活委员,孙老师以前对打第二次饭菜是怎样规定的。同学们马上告诉他说,孙老师以前规定,只有等班里的同学都打完饭菜之后,其他同学才可以打第二遍。张老师马上认识到这是自己管理上的一个漏洞。那个违反纪律的同学就是因为看到换了新班主任,而新班主任对午餐的纪律又没有明确的规定,所以才想钻空子。于是张老师当场向全班同学宣布,午餐纪律还是按照孙老师以前的方法来。

此外,通过这次询问,张老师还了解到,以前孙老师规定,生活委员的饭菜由同桌为他们打完后,送到他们的桌子上,这样就避免了生活委员为了送自己的餐盘浪费更多的时间。张老师觉得这个办法也很好,马上恢复了这个方法,保证了生活委员能更快地为其他同学打饭。

张老师觉得沿用孙老师治班的方法,省时省力,孩子们也乐于接受,他决定继续采用,也不再选举新的班干部了。有时,孩子们之间发生矛盾,找张老师来告状,他也会问:“想想孙老师对这件事会怎样解决?你们先自己解决,如果解决不了,再找我。”孩子们听到这话,只好不再告状,但事情也并没有得到解决。因为他们虽然记得孙老师是怎样解决这样的事情,但是没有老师在场,理亏的一方总是不愿承认自己的错误,有理的一方常常感到很委屈。

后来,班里有很多同学觉得张老师处处用孙老师用过的方法,没有自己的新点子,做起事来都有些懒怠了。甚至有些孩子假传孙老师说过的话,为自己找理由,另一些孩子当然知道这是假话,当场予以反驳,“孙老师才没有这样说呢”,有时会争得很厉害。

张老师突然感觉到,完全沿袭孙老师的治班之法,不但不会让这个班级继续像以前那样平稳地走下去,而且长此以往,孩子们就会无视张老师的存在了。所谓“新官上任三把火”,张老师反思自己,接手之后,一把新火也没有烧起来,他在孩子心目中的威信也根本没有树立起来。于是,张老师决定要改变这种状况。班上再发生事情之后,他不会再向孩子问类似“孙老师以前对这样的事会怎样解决”这样的话,而是将自己置身于孩子们的矛盾之中,不偏不倚,力求公正公平地解决事情,让孩子们感觉到老师开始关注他们了,开始把精力放在他们身上了。

在张老师与孩子们的关系拉近之后,他觉得还是要选拔新的班干部,尽管原来的班干部很负责，但是还有很多同学在升入三年级之后，有了担任班干部锻炼自己的愿望。张老师沿用以前的班干部，对这些同学参与班级活动的积极性有一些影响。按照民主选举的程序，张老师进行了新一届班干部的选举。班委会的体系虽与以前的相同，但是张老师为一些表现积极、在选举中落选的同学另外设置了一些特色岗位，如图书管理员、间餐监督员等。这些同学在班级工作中有了自己发挥能力的岗位了，班级的各项工作进行得有条不紊。

【案例分析】

案例中的张老师在接班之后有一个明显的变化过程。开始是沿用前任班主任孙老师的治班之法，却忽视了自己在学生中的影响，后来张老师不再问孩子们"孙老师会怎样处理"，并不是完全将孙老师解决问题的好方法排除在外，而是有意淡化孩子们对孙老师的依赖，把自己重新确立为孩子们的"主心骨"。

【案例启示】

从上面的案例中，我们能够感受到，班主任在管理好一个新接手的班级，一定要重视树立自己在孩子心目中的形象与地位。有时，前任班主任的优秀，带出来一个好班，会给新班主任有很多的便利，但是也是一种挑战，要求新班主任在继承班级优良管理氛围的基础上，进行改革创新，将这个班级发展得更好。对于班级管理方法，不进则退，不革新就必然会引起学生们的懈怠。

新任班主任沿用前任班主任的治班之法，在时间段上要把握好，最好是控制在刚接班一个月之内。新班主任不轻易改变前任班主任的管理模式与方法，不轻易换新人，是为了维持接班初期的稳定，也可以通过这种方式达到让孩子们更快地接受自己的目标。但是随着师生关系的拉近，新班主任应有选择性地对前任班主任的方法进行调整，或沿用，或改变，或弃用，使孩子们逐渐淡化对前任班主任的依赖，树立自己在孩子们心目中的地位，得到孩子们的认可与喜爱。

⊙了解班级同学的心理状态，寻找班干部体系的创新点

新任班主任在寻找班干部体系建设的创新点，还要做的一件事就是了解班级同学的心理状态，一般来说，可以从这几个方面来关注：

(1)了解男女生在班干部任职上的相互看法，平衡男女生班干部的比例。在

小学班级里，由于女生有心理发育上早于男生的优势，所以低年级的小干部中女生居多，班主任在班干部选拔以及班级管理方面也会有意无意地倾向于女生，这会使男生们感到不公平。到了中高年级之后，男生们很想在班级工作中发挥自己的影响，对某些女生担任班干部产生了莫名其妙、有失公正的抵触。虽然男生的这种抵触无理可辩，但是有这种情绪的男生很容易抱成一团，给班级工作带来不利的影响。新任班干部要了解班级同学对班委会男女生比例方面的反映，以及班级里男女生之间是否存在明显的对立状态。详细了解这些情况之后，班主任就要考虑在同一职位平衡男女生的比例，使男女生在班委会中"各占半边天"，稳定男女生同学的心态，为班干部以后的相互合作奠定良好的基础。

（2）细致观察男女生不同的性格心理特点，创设符合其个性的班干部职位。

一般来说，女生的性格较平和，心态较稳定。班主任可以选择一些需要耐心、细心、安静才能做好的事，让女生去做。比如，有图书角的班级可以设立班级图书管理员一职，让女生担任。有些班级的图书角在走廊拐角处，还需要让女生定期清理卫生，以及监督图书是否出现丢失。笔者曾在班级里选拔过一名做事认真负责又较内向的女生担任图书管理员，她对这项工作很尽心，认真负责，每天放学前五分钟，她必定会去图书角把图书按序号摆放好，如果缺少图书，她便逐个询问，提醒同学把自己取阅的图书马上放回去，保证每天放学前所有图书都在架子上，方便同学第二天取阅。另外，她还定期号召班里的同学把自己看过的书捐赠给班级图书角，让其他同学也能分享到更多精彩的图书。

此外，女生在课间一般喜欢安静地读书。班主任可以抓住这一特点，在学习委员中设立专门负责课外阅读的班干部，或在班级学习部中成立读书小组，专门负责向全班同学推荐课外阅读的书目，并定期展出读书心得小报，或绘制故事人物卡片，营造"书香班级"的氛围。好书需要推荐，有了读书小组的推荐与宣传，更利于调动全班同学课外阅读的积极性。课外阅读的资源可以是班级的图书角、学校的学生阅览室或图书室，便于班里同学在中午休息时间能够较方便地获取阅读的书籍，也可以让读书小组的成员到书店搜寻最近出版的图书，推荐给大家，这样对班级同学也会更有吸引力。

相对于女生来说，男生好动，更显活跃。所以，班主任在体育委员职务的设置上，可以再细化，根据男生的不同运动爱好，以运动项目来设立不同的岗位，如小绳队长、跳跳球队长、篮球队长、足球队长等。选拔在这些运动项目上表现突出的孩子，担任队长，归属体育委员或体育部，由队长负责组织或带领相同爱好的同学在课间开展体育活动。这样，既可以调动队长参与班级管理的积极性，使他们有事可做，又可以使有相同爱好的孩子能有组织的归属感，激发他们的刻苦训练的热情，提升运动水平。还可以由这些队长带领队员，研究新玩法，演练新花样，并定期向全班同学进行专项展示，提高自己队的知名度，使他们更有成就感。

此外，与女生较为集中的思维相比，男生的思维更具发散性，爱好兴趣广泛，新奇的点子较多，特别是到了小学5-6年级，男女生的思维差异更趋明显。班主任可以在了解班级男生兴趣爱好的基础上，设立一些兴趣社团，选拔有组织能力、表现突出的男生担任团长。可以成立的社团有悠悠球社团、四驱车社团、魔方社团、电子积木社团等。需要注意的是，班主任要为这些社团开辟一定的活动空间，确立一定的活动时间，并为他们创造向全班同学定期汇报展示的机会，既让他们的兴趣爱好有提升的空间，有共同的玩伴，又让他们感受其他同学对他们的关注，感受到自己带给班级的精彩价值。

(3) 班主任还要整体分析班风班貌，确立班委会体系创新的方向。比如，有的班级班风全体同学好静，略显沉闷，缺少活跃性，班主任就要多设立一些能调动学生活动积极性、激活班级学习氛围的职务，比如负责记录课堂发言情况并进行加分的"发言记录员"、负责课间帮助同学改错和辅导习题的"学习促进员"、负责组织同学课间开展体育活动的"活动召集员"，等等。而对于气氛活跃的班级，班主任又要引导他们设立一些有利于陶冶性情、去除浮躁的兴趣社团，比如书法组、围棋组、十字绣组等，并在每个社团中设定组长，负责组织开展活动。

职场感悟：

第三节 各司其职，各尽其能——班干部的分工要明确

教海拾贝： *世界上没有才能的人是没有的。问题在于教育者要去发现每一位学生的禀赋、兴趣、爱好和特长，为他们的表现和发展提供充分的条件和正确引导。*

——[苏]苏霍姆林斯基

班主任对各位班干部的分工要有明确的规定，便于班干部在实际工作中认清自己的权利与责任，全面认真地完成自己的分内之事。同时，明确的分工，也是班主任和其他同学对班干部进行监督、考核的一个重要参考。

笔者翻阅教育界同仁关于班干部管理的论著，发现在设置班干部职位方面，或多或少，或正或奇，不一而足。比如，有的班级就设置了如下的小干部编制：中队长、副中队长、旗手、护旗手、班长、副班长、学习委员、宣传委员、劳动委员、纪律委员、文娱委员、语文家庭作业课代表、作文课代表、数学课代表、科学课代表、英语课代表、同步训练册课代表、美术课代表、图书管理员、班级调解员、小小联络员、灯长、窗长、卫生班长、环保小卫士、小班主任。大小职位一共25个，小干部的职责涉及到班级的方方面面。

结合教育界同仁的观点以及自身在班级管理中的实际体验，笔者将各位班干部的职能分工梳理如下所列各条。有些班主任尝试在班级里分设各部，将各位班委纳入各部所属的职责中，这样既为班级同学增强了锻炼的机会，又拓展了各班委的职能范围，使班级管理体系更为严密。

此外，从家校合作的角度，笔者认为班干部既是连接班主任与班级同学的纽带，又是连接班主任与家长的桥梁，其职责与功能也很有必要与家庭教育、社会教育相衔接，开发学校教育的家庭资源与社会资源，所以笔者对某些班干部的职责进行了这个方向的探讨，有待教育界同仁批评指点。

⊙班长: 统筹全局、协调各方的"顶梁柱"

班长是一班之长,班集体的核心人物,有"领头雁"的作用,又是班主任的得力助手,有"副班主任"之称。对班上学习、纪律、劳动、体育、卫生和生活情况全面负责,细数班长的职责可以有以下各项:

(1) 负责召开并主持班会、班委会等会议,与各班委讨论班内的各项工作和需要解决的问题,并及时与班主任沟通;

(2) 负责制订班队工作活动计划并检查计划的落实情况,协调好班委会成员的各项工作;

(3) 及时落实学校、班主任布置的各项任务,检查、督促班委认真开展工作;

(4) 及时了解、关心班内每个同学的学习、思想活动;

(5) 及时处理班上出现的突发性事件,能够迅速控制住场面,缓和同学的矛盾冲突,减少或消除事件的不良影响;

(6) 负责指挥值周班长、值日班长积极主动地开展工作;

(7) 通过竞选产生的班长,当任期已满时,负责组织并主持下一任班长的选举;

(8) 了解家长对班级建设的合理诉求,促进本班家校合作力度。在班主任的指导下主持家长会,向家长们汇报班级的各项活动情况。

此外,很多班主任在班级里实行"轮流班干部制",设立值日班长。值日班长虽是"一日"班长,不同于"常务"班长,但为了调动担任值日班长的积极性,有必要对值日班长的职责分工做出明确的规定,魏书生老师的班级就制订了值日班长的10条职责,笔者结合小学的教学实际作了部分调整,列举如下:

(1) 负责记载当天的出缺席情况,及时在《班级日志》上做好记录,对迟到的同学提出批评,予以处罚;

(2) 维护自习课纪律,对自习课说话的同学予以提醒、批评或处罚,自习课有准假权;

(3) 维护课间纪律,对课间大声喧哗、在走廊里跑跳打闹的行为进行劝阻和批评；

(4) 督促值日生搞好班级卫生，每天早、午、晚各拖地一次，做好卫生值日情况的记录。发现地面上的碎纸，谁的座位底下谁负责，及时征求检查卫生的老师对本班卫生的意见；

(5) 协助体育委员，督促同学们认真做好课间操；

(6) 协助生活委员，督促同学们做好眼保健操，发现做眼保健操不认真的同学，则予以批评、处罚；

(7) 在任班长的前一天下午放学前，选择一条对班级现状有针对性的格言，抄写在黑板的右侧；

(8) 及时传达当天的学校通知，通知班主任或班长，认真落实学校布置的任务，自己无力落实的及时向班长汇报。

⊙体育委员：行动果断、组织有力的"指挥官"

体育委员是一个班级队列的"指挥官"，每天的课间队、放学队以及课间活动都少不了体育委员的认真指挥与组织。而且班级的队列是一个班级纪律性与集体性的统一体现，体育委员肩负的职责非常重要而光荣：

(1) 负责开展本班各项体育活动，认真督促同学参加跑步、课间广播操、眼保健操，带头并组织同学积极参加学校的运动会、体育竞赛等活动；

(2) 负责体育课、文体活动的集队和纪律管理，协助体育教师上好体育课；

(3) 负责组织全班同学参加身体检查工作，协助医务室建立本班同学的健康档案；

(4) 协助体育老师做好体育课的器材收发管理工作、体育课中的安全工作；

(5) 指导体育测试成绩不理想的同学加强训练，提升运动水平，督促并帮助同学完成各项体育项目达标；

(6) 积极搜集整理体育竞技知识、体育卫生知识，向同学进行普及宣传，带头并号召全体同学参加全民健身运动。

特色岗位：

班主任可以在班级成立体育部，下设体委、各运动项目活动组组长等职务，发挥班级内同学各方面的体育特长，组织带领相同兴趣爱好的同学，进行有组织、有训练目标、有竞争的体育活动。

⊙学习委员：学风踏实、互帮互助的"指明灯"

学习委员，在班级学风建设中是一个不可或缺的职位，其自身的学习习惯与学习态度就应对其他同学具有示范作用，不但要自己学习好，而且要积极调动起全班的学习热情，营造班级的良好学习氛围，具体职责分工有以下几项：

(1) 负责全班同学学习活动的组织、指导工作和班上日常学习活动的顺利进行；

(2) 了解班上同学关于学习方面的想法，及时向有关老师反映同学在学习上的各种意见或建议；

(3) 负责班内各种新知识的学习，开展各种知识竞赛活动；

(4) 负责同学学习互助组的指导，以及组织学习经验交流、学习方法介绍等活动；

(5) 关心学习有困难的同学，对学习有困难的同学进行帮助。督促各科代表和小组长及时收交作业和登记，并检查收交和登记情况；

(6) 负责本班的图书管理和课外阅读活动的组织工作；

(7) 负责领取班级所用的教学用具 (粉笔、黑板擦、格尺等)，并及时加以更换、维护；

(8) 负责指导各学科科代表开展工作，指导各学科兴趣活动小组的工作；

(9) 负责考试前协助教师做好考场安排，通知每位同学的考场安排；

(10) 考试后，负责统计各学科成绩，统计每个人的总成绩，统计全班各学科的平均分和总平均分。

特色职责：

笔者每年为自己的班级订一份报纸，并从学习部或学习委员中指定两人，可以命名"新闻观察员"，专门负责每天从报纸上搜集有教育意义的新闻报道，利用休息时间向全班同学进行传达，以促进小学生对社会问题的感知，提高他们辨别是非的能力。

在学习部或学习委员中，还可以设立读书小组或"读书推荐员"等类似职务，专门负责向同学推荐课外阅读书目，组织开展读书活动，定期展出读书心得或读书卡片，评选"读书小博士"。为了促进亲子读书活动，还可以制作亲子共同参与完成的"读书反馈卡"，评选"书香家庭"。

⊙生活委员: 服务精细、善于理财的"大管家"

要划分生活委员的职责，首先要弄清楚什么是班级生活? 班级生活的内容有哪些? 一般来说，班级生活工作是指有关班内一切活动正常开展需要做好的后勤保障工作。工作内容从大的方面可以分为两类: 一类为班级公共生活，包括卫生、安全、秩序和各教学设施的检查、维护和更换; 一类为寝室及同学个人生活，包括寝室卫生、安全和生活设施的检查、维护和更换，个人卫生(疾病)、安全(出行、饮食等)。可见，生活委员的职责与学生在班级、学校的生活情况密不可分，具体有如下几项:

(1) 与劳动委员密切配合，督促同学每日对本班卫生区、教室进行打扫，每周还应组织同学对卫生区、教室进行彻底大扫除，保持环境干净;

(2) 关心同学在学校内的生活状况，发现问题及时与同学沟通，解决不了的应向老师及时汇报;

(3) 建立班内"生活角"，常备针线箱、洗手液等物品，主动、热情地为同学们提供便利的服务;

(4) 负责开展卫生健康知识普及宣传工作，协助校方做好各种流行病的预防、监控工作;

(5) 有计划、有目的地开展生活技能竞赛，如洗衣服、拖地、做饭菜等，增强同学的生活自理、自立能力;

(6) 对班上同学的生活要多关心，有特殊情况(生病、意外伤害等)及时向班主任汇报;

(7) 负责组织同学控制或降低常见病、多发病的发病率，做到每日开窗通风，小课间通风5分钟以上，大课间通气15分钟以上;

(8) 管理好班内物品，发现门窗、桌椅、日光灯等公共物品受损，及时报告班主任或维修组，以便及时修理；

（9）开展勤俭节约宣传、教育活动，引导同学做到随手关灯、关水，在吃、穿、住、行等方面不攀比、不浪费；

（10）负责间餐、午餐的组织、发放，佩戴统一的工作服，戴好口罩，保证自身的整洁卫生；

（11）负责收取学杂费、书费、班费等班级各项费用，并按学校规定的时间上交到学校财务处；

（12）负责班费的保管及支取，记好班费往来账目，不定期向同学们公布。回收废纸、饮料瓶等，出售收入补充班费；

（13）负责班级郊游、参观以及其他校内集体活动的组织工作；

（14）记录每天因病缺席情况，填写晨检报告单，每周五中午向校医汇报一周内班级的因病缺席情况。

⊙劳动委员：组织劳动、监督卫生的"小蜜蜂"

劳动委员，在一些班级里也称为"卫生委员"。班级内要营造和保护整洁卫生的环境，离不开劳动委员的辛勤工作。劳动委员是一个需要吃苦耐劳、无私奉献的光荣岗位，具体职责可分为：

（1）对班上的劳动、卫生情况全面负责；

（2）负责班级卫生清扫的指导工作，组织好全班卫生大扫除工作，安排督促卫生监督员、值日生做好每日扫除工作，努力创造干净、整洁、美观的班级环境；

（3）制订每学期的班级值日生表，确定每日卫生值日组长的名单，合理搭配各组的男女生比例，细分每位同学的劳动任务；

（4）与生活委员配合开展劳动技能竞赛活动，使同学掌握一定劳动本领，提高自理、自立能力；

（5）记录每日值日情况，及时提醒劳动时出现懈怠、逃避等状况的同学，协助班主任完成班内每周"劳动之星"的评选推荐工作；

（6）负责领取并管理班级卫生用具，对磨损严重不能使用的卫生用具及时进行更换；

(7) 组织同学按时、保质、保量完成本班"劳动分担区"(走廊、楼梯或校园规定的区域) 的劳动任务;

(8) 负责劳动教育的宣传动员工作,定期组织"劳动光荣"的主题教育活动,宣传社会上涌现出的劳动模范,培养同学爱好劳动、以辛勤劳动为荣的意识。

(9) 定期开展家庭劳动情况调查活动,制作调查问卷,了解同学在家庭里的劳动情况,督促家长培养孩子爱好劳动、分担家务的意识,提高学生的生活自理、自立能力。

⊙文娱委员: 能歌善舞、多才多艺的 "小明星"

文娱委员,或称文艺委员,是班级内最为闪亮的职务。担任文娱委员的同学要具有突出的文艺特长,能歌善舞,性格活泼开朗,具有很强的亲和力,是班级里名副其实的"小明星"。其具体职责可分为:

(1) 全面负责班级的文娱活动的组织领导工作;

(2) 负责"课前一支歌"活动的确定、实施,以及所唱歌曲的定期更新工作,负责编创课前歌的律动舞蹈;

(3) 负责班级内歌咏比赛、文艺会演、新年联欢会等各项文艺活动的策划、组织、协调、控制等工作;

(4) 组织同学积极参加学校组织的艺术节、文艺汇演等活动;

(5) 发现班内的文艺骨干,调动全班同学参加文艺表演的积极性;

(6) 发掘开发课本剧、情景剧、校园小品等演出剧目,组织、指导同学进行排练、汇演,提高同学的表演能力;

(7) 了解校内有助于少年成长的文艺演出活动,为同学推荐值得欣赏的精彩节目。

⊙宣传委员: 舞文弄墨、创意新颖的 "小百灵"

宣传委员,是班级进行文化建设、展示的领军人物,其自身要具有一定的文字、绘画技能,善于舞文弄墨,还要有一定的设计能力,制作创意新颖的宣传材料,可以说他们是班级对外宣传的"小百灵"。其具体职责可分为:

(1) 负责班内板报的更新和教室美化工作，设计班级里的创新环境的布局；

(2) 在学校的艺术节、校运动会、科技节等活动中，负责搞好宣传报道工作；

(3) 做好《好人好事登记簿》登记工作，协助班主任评选每周的"文明之星"；

(4) 利用各种宣传阵地，及时宣传班级好人好事，批评校园里的不文明现象，形成正确的舆论导向；

(5) 组织同学制作手抄报、剪纸、剪贴画等宣传品，制作本班的宣传网页或专题网站等；

(6) 向学校的校报、广播站、电视台或其他宣传机构提供反映本班情况的稿件，提高本班的知名度和影响力；

(7) 负责接收班级内同学订阅的报刊、信件，并及时发放；

(8) 负责记录、整理班级的活动情况，形成班级活动大事记等文字档案。

特色岗位：

班主任可以在宣传委员或宣传部中设立班报、班刊编写小组，详细落实征稿、采稿、版面设计、赞助印刷、发行派送等具体工作任务，并确定各项工作的负责人，把小小的班报、班刊办得有层次、有质量、有趣味、有读者，扩大班级的宣传角度。

⊙纪律委员：公正严明、善解矛盾的"小法官"

纪律委员，是稳定班级同学关系、维护班级良好秩序的重要岗位。纪律委员要给全班同学以公正严明的良好印象，具有思维严密、口才出众的专业素质，又要有善于分析问题、化解矛盾的办事能力，堪称班级里的"小法官"。其具体职责可分为：

(1) 以身作则、热心工作、带头遵守学校的各项规章制度，组织同学学习《小学生守则》、《小学生日常行为规范》等校规；

(2) 组织全班同学以科学、民主的方式制订本班班规，并形成班规实施的监督、处罚办法，营造班规严明、班纪良好的向上班风；

(3) 对同学佩戴红领巾、小黄帽、穿校服等情况进行严格管理，配合路队长加强路队监管工作，监督、制止课间同学的追赶打闹现象，经常对同学进行纪律教育；

(4) 在各种集体活动中，协助班主任做好学生安全教育和保护工作，时刻纠察同学违反纪律情况；

(5) 重视和表扬典型人物，工作中鼓励为主，教育提示第一，对于不良现象应勇于提出批评、指正；

(6) 与宣传委员配合，开展各种法制安全教育活动。

(7) 定期开展班级文明礼仪教育，利用班会时间总结班级最近的纪律情况。

在实际的班级管理中，很多班级将班长与纪律委员一职合并，称为纪律班长。对于这种职位上的整合，班主任可视本班班情而定。

⊙心理委员：把握情感、引导舆论的"小卫士"

在列举心理委员的职责分工之前，有必要对设立"心理委员"的必要性进行一番探讨，因为在很多小学班级里，并没有设立这一"心理委员"职务，有些班主任也觉得班里学生其自身的心理成长尚不够成熟，又怎会有相应的心理辅导能力去解决其他同学的心理问题呢？

其实，班干部职位的设置就是因需而立的。大学生有心理问题，所以大学需要心理委员，而小学生也有心理问题，所以小学生的班干部体系中也该有心理委员。小学生的心理委员，可以宣传心理健康知识，向学校心理教师反映同学心理不健康的表现，以自身职务的存在让同学意识到心理健康是一个重要的问题。即使小学生很幼稚，不懂深奥的心理知识，但设立内心阳光、开朗乐观的心理委员，也可以让周围的同学们知道：人要活得快乐，要为自己的进步快乐，也要为别人的进步快乐，给人快乐，自己也快乐；人生难免有烦恼，烦恼并不可怕，说出烦恼就能减少烦恼，解除别人的烦恼，其实也在减少自己的烦恼。

班级里有了心理委员，学校的心理教师就有了帮手，心理教育就能在各班里深深地扎下根，班主任也会更自觉地注意起学生的心理健康。而且，一旦学生跟家长说"我们班上新设心理委员了",家长也很可能会因此重视孩子的心理健康,促成心理教育的家校合作。这对心理健康从小抓起,肯定会有十分积极的作用。

所以,小学生心理委员的设立很有必要,其具体职责可分为:

(1) 积极参加学校开展的各种心理健康教育、心理咨询室组织的各种活动,包括心理讲座、心理健康知识培训等,积累心理健康知识,提高自身的心理健康水平,并把自己发现的本班同学存在的心理问题及时反馈给学校或心理教师;

(2) 维护本班同学的心理健康,以满腔的热情、真诚的态度对待每一位同学,发现问题及时报告老师,或推荐同学到心理咨询室寻求帮助,注意在工作中严格遵守保密原则;

(3) 宣传心理健康知识,传播心理健康理念。配合学校心理咨询室,参与心理危机干预的预警工作。及时发现不良情况,并及时反馈;

(4) 协助心理教师做好同学心理健康状况的问卷调查工作,以及其他力所能及的工作;

(5) 探索提高本班同学心理素质的途径和方法,注意工作方法,能够与老师、同学保持良好的关系。

⊙小组长、科代表: 细心周到、默默奉献的"闪光星"

小组长是在班里相同人数的学生群组中选举出来的负责人。采用"秧田式"座位的班级,每一大组(10至14人)可设立一名组长,全班共有4名小组长,采用"圆桌式"座位的班级,每一学习小组可设立一名小组长,有多少学习小组即有多少小组长。其具体职责可分为:

(1) 管理好本组同学的学习和纪律,发现问题及时解决,并向老师汇报情况;

(2) 督促本组同学按时完成各项作业,并按时收取组内同学的作业本,督促组内同学及时、认真修改作业中出现的错误;

(3) 在小组内积极开展丰富多彩的活动,开展组际间的学习交流、竞赛活动;

(4) 带领本组积极参加班内、校内各项活动,配合其他班干部完成各项工作；

(5) 维护本组同学利益，关心、爱护本组同学，与本组同学相处融洽，并主动为本组同学提供服务和帮助；

(6) 以身作则，带领本组同学自觉遵守校纪、班规，维护班集体荣誉。

科代表一般是由各位任课教师选拔出来的学科服务员、联络员，是任课教师的得力助手，在本门学科中学习成绩较突出，有一定的示范作用。每门学科的科代表可设2~4人，具体职责可分为以下各项：

(1) 配合任课教师工作，保证各项教学活动的顺利进行；

(2) 成为各学科教师的小助手，帮助老师维持纪律、收发作业本；

(3) 想方设法使同学们对该门课程感兴趣，并热情、主动、积极帮助同学做好该门课程的预习、疑难解答、作业；

(4) 当好"桥梁"，把同学的困惑、建议或意见及时反馈给任课老师，把老师的想法、意图转达给学生，努力拉近师生的距离；

(5) 帮助对本学科课程学习困难的学生，指导他们运用正确的学习方法，查漏补缺，提高学习成绩；

(6) 结合本学科的课程内容，利用课余时间设立兴趣小组，开展科学探究活动。

另外，每个班级又是一个少先队中队单位，班级里还会有中队委员，如中队长、副中队长（兼旗手）、组织委员、小队长等职务，实际是将队委与班委相结合，"一套班子，两块牌子"，我们有必要明确这些中队委员的相关职务，并将其与班委职务相结合。

中队长的岗位职责：

(1) 负责召开主持中队长、队委员、小队长会议；

(2) 负责开展中队活动，制订计划、检查决议实施情况，加强横向联系；

(3) 每周组织中队委员对本中队情况进行总结，并针对具体问题采取相应措施；

(4) 注意本中队思想动向，发现对班风有重大影响的苗头事件要及时处理并向中队辅导员汇报；

(5) 协助中队辅导员召开每周班队会课;

(6) 帮助并检查各委员的工作,定期做工作总结并向上级汇报。

副中队长(兼旗手)的岗位职责:

(1) 中队活动时,负责执旗,并按指示进行出旗、退旗;

(2) 协助中队长工作,管理中队活动文件、资料;

(3) 管理本中队用具的领用与归还工作。

组织委员的岗位职责:

(1) 负责学习队章的工作,在队员中普及少先队基本知识;

(2) 做好中队会议记录,填写好中队工作手册;

(3) 收集各小队及少先队员的意见和要求,及时向中队长反映;

(4) 负责少先队组织发展工作和超龄队员的离队工作;

(5) 负责填写中队队员的奖励推荐表,按要求向大队上报;

(6) 负责红领巾、队干部标志的检查工作。

小队长的岗位职责:

(1) 了解掌握小队的情况,负责制订小队计划;

(2) 负责组织队员完成中队委员会下达的各项任务;

(3) 开展小队活动,建立雏鹰假日小队;

(4) 维护小队利益,及时向上级组织反映小队情况及建议。

现在,我们将各班委、队委的主要职责列入下表,以便班主任参考。

表3-3-1: 中队(班级)委员会组织机构一览表

职 务	工 作 职 责
中队长	负责制订中队活动计划,策划、组织中队的教育活动,召集、主持中队工作会议。
副中队长[兼旗手]	协助中队长工作,负责执旗、佩戴红领巾、队员礼仪、升旗仪式的培训、检查工作。
组织委员	做好各项教育活动、班队会的组织工作,负责中队档案、资料的保管,组织好评比活动。
宣传委员	做好教室、文化设施布置和报刊发放工作,负责各项教育活动的宣传工作。

职 务	工 作 职 责
体育委员	负责组织班级的体育游戏和体育活动,做好两操、两队的组织、管理工作。
文艺委员	组织好课前一支歌活动,负责组织班级的文艺活动和筹备、组织各项集体性文艺活动。
班长	协助班主任做好班级日常管理工作,指导其他班干部开展工作,主持班级工作会议。
副班长	协助班长开展工作,重点做好班级常规纪律、卫生、物品摆放和自习的组织、管理工作。
学习委员	负责组织、开展学科活动,加强课堂秩序管理,组织好自习活动,营造浓厚的读书氛围。
劳动委员	负责每日室内外卫生清扫的组织工作和值日检查、评比工作,做好队员的劳动教育。
生活委员	负责组织两餐发送,用餐秩序,就餐卫生,饮用水的组织、管理和健康知识的宣传工作。
小队长 (小组长)	做好小组收、发各科作业以及纪律、卫生、物品摆放等常规管理及服务性工作。

职场感悟:

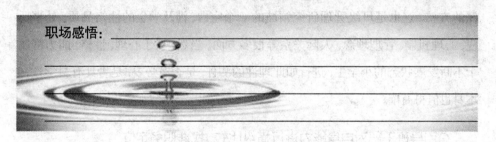

第四节 以能定职，因人定岗

——什么样的学生适合什么样的职务

教海拾贝： *所谓教育目的就是训练儿童使他们对于自己的能力，自己的环境能够运用得非常适当。*

——[美]杜威

在班干部选举前后，有很多同学虽然顺利当选班干部，但对自身能力并没有一个准确的定位，有时班主任觉得某些同学适合某一职位，也是把学生较突出的表现作为判断的依据，很少有班主任对学生的能力进行全面的考查与测评。也就容易出现试用期，部分班干部不能胜任或对自己所担任的职务不认同的问题。

目前，很难找到对班干部候选人工作能力、性格进行一个科学、全面、量化测评的方法，这也是班级管理研究领域的一个空白，涉及学生的性格品质、处事反应、心理机制、管理理念、人际关系等很多方面。当然，对于心理、性格、能力都属于不断发展状态的小学生，进行如此理性的测评，是否有必要，是否具有科学性，本身也值得商榷。

⊙引导班干部对自身能力进行横纵比较，找准职务定位

其实，很多的时候，班主任给班级同学指定的岗位，并不一定是孩子们想要的或是适合他们能力的。其根本原因就在于班主任对班干部的各方面能力缺少一个综合的考虑，没有将学生的突出能力点与工作岗位对应起来。

我们不妨列出下面的一张表格，对照前一节列出的各班委的职责分工，帮助班干部对自身能力进行一个横纵比较，判断其是否有相应的能力承担岗位职责。

表3-4-1: 班干部能力与岗位纵横对比表格

职位	思想品质	工作能力	学习能力	人际关系	规划设计
班长					
体委					
学委					
生委					
劳委					
文委					
宣委					
纪委					
心委					
小组长					
科代表					

表格使用方法：由班干部候选人对每一个职位所对应的五项内容进行填写。在填写中，候选人会对自己的能力符合哪一职位要求进行比较思考。表格内容不必都填满，班主任可以从填写内容的数量、准确程度等方面综合判断候选人最适合于哪一个职位。

上面的表格只是对班干部能力测定的一种方法，班主任可以根据自己的选拔要求制订能力与岗位对应的表格。此外，班主任在能力测评的基础上，还应该尊重学生的意愿，倾听学生的意见，权衡利弊，指导学生找准职务定位。

⊙对有特长的学生，增设特色岗位

特色岗位，在很大的意义上来说，是为这些个性较突出、具有某些方面的特长或能力，但未能如愿当选班干部的同学创设的，为他们创造锻炼自身、增强自信的机会。所以特色岗位的设立，有时不是"虚位以待"，而是"因人而立""量身定岗"，班主任只有细致分析学生的个性品质、兴趣爱好、能力特长等各方面的情况，才能设立出符合实际需要的特色岗位。笔者曾在自己的班级设立过以下特色岗位：

1. 电脑信息员。班级里有些男同学爱好电脑，喜欢用电脑制作一些有趣的东西，那么就可以设立"电脑信息员"这一职务，让这类同学负责班级电脑以及其他电教设备每日的启动、调试以及关闭等操作，为任课教师上课使用电教设备提前做好准备。班主任也要为"电脑信息员"积极创造培训机会,可以联系微机教师协助完成培训,使"电脑信息员"能在自己的岗位多掌握一些有趣的信息技术知识。

2. 晨读领诵员、午间领读员。班级里有一些同学的学习热情不高、成绩不好,但是他们的声音条件很好,朗读时嗓音洪亮、字正腔圆。班主任要紧紧抓住学生身上的这一优势,设立"晨读领诵员"或"午间领读员",在早自习或午间开辟朗读时间,让他们带领全班同学进行经典古诗词的诵读,有利于调动他们学习的积极性,在工作中感悟学习的乐趣。

3. 科学观察员。笔者的班级里有一个男生,平时上课时注意力不集中,经常受到老师的批评。但是他喜欢课间在校园的花木丛观察昆虫,于是选他为"科学观察员"。他把自己每日的观察发现都写在科学观察记录本上,并负责及时向大家汇报,以激发其他同学观察自然、关注生活的热心与细心。

4. 书写纠正员。在班级里挑选接受过专业书法训练的学生,在每周早自习的练字时间,负责巡视指导,帮助同学纠正书写时的坐姿、执笔姿势,并监督不认真练字的同学,以提高全班的书写水平。

在现实的班级管理过程中,班主任可能缺少足够的时间去全面地观察每个同学的特长,在设立特色岗位时就有些"捉襟见肘"。这时,班主任大可不必亲力亲为,可以鼓励学生自荐,让学生们自由选择自己能做好的一件事,为班级建设贡献自己的力量。

职场感悟:

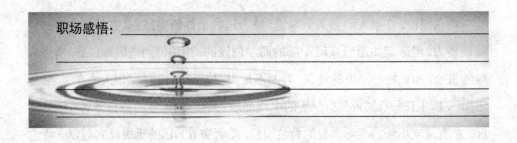

第四章　班干部的合作

第一节　通力合作，相得益彰 ——班委会行动力的增强

教海拾贝： 合作是一切团队繁荣的根本。

——[美]大卫·史提尔

　　班干部的职责分工是班干部体系形成之前，已经有了明确的划分。但是在班委会成立之后，要发挥班委会的整体力量，使整体的力量大于部分之和，班主任就要引导各位班干部学会在实际工作中互相配合，在班级活动中重视与他人的交流、互助、互补。

⊙明确通力合作、集体行动的重要性

　　这种合作既有班干部与班干部之间的合作，又有班干部与班级同学、与学生家长之间的合作。班主任在对班干部进行培训与指导时，一定要让他们明确通力合作、集体行动的重要性，主要有以下几个原因：

　　1. 集体活动的本身就要求活动组织者要注意互相配合、通力合作。班级活动一般都是大大小小的集体活动，参加的人数较多，这就要求各位班委共同参与。由于各班委的职责不同、能力不同，只有互相合作，才能优势互补、能力互补，取得良好的效果，将班级活动共同谋划好、开展好。比如，一场班级大扫除活动，劳动委员和卫生委员是主要负责人，负责统一安排，明确劳动分工区，而班长以及其他班委则要负责调动同学劳动的积极性，督促各分工区的完成情况，还要在劳动中积极工作，发挥自己的带头作用。

　　2. 集体活动需要通力合作也是考虑到小学生班干部的个人工作能力有限。

一次集体活动，如果仅有一位班干部负责组织、管理，则往往难以完成活动的各项目标。小学班干部个人的组织、管理能力再强，也会因个人的威信、处理突发事件的能力以及筹划活动的完善程度等因素，导致在组织活动的过程中出现各种问题，以致活动不能顺利开展、半途而废。所以，小学班主任在设置班干部的数量时也要考虑到这个问题，一般来说，除了班长一职之外，其他的职务都可由2-4名同学共同担任。

比如班级里要办一期软墙宣传活动，由4名宣传委员共同确定宣传的主题、同学们制作宣传小报的形式与内容等。而在活动实施中，这四个人又有不同的分工，擅长设计的负责设计宣传墙的布局，擅长绘画的负责进行宣传墙的插图绘制、剪纸制作等，还要有负责准备工具材料的，比如彩笔、大格尺、胶带、工字钉等，以及负责收齐班级同学制作的宣传小报，并进行筛选。这一活动，只有4名宣传委员通力合作，才能把一期宣传活动办好，保证活动的质量与效率。

3. 在集体活动中，班干部通力合作还有利于调动各方面的资源。在每位班干部的周围都有支持他的同学，当他（她）在组织活动时，这些支持他（她）的同学就会表现得比其他同学更为积极主动，各位班干部通力合作，就能调动班级里更多的同学热情参与。比如，一场郊游，可以由生活委员负责组织，召开班会，让了解周围景点的同学们提出自己的建议，大家共同确定郊游的地点。然后由班委会统一筹划，确定时间、路线以及规定同学随身可以携带的物品种类和数量。另外，在郊游中还有一些问题是小学生班干部无法解决的，比如车辆问题，这就需要班主任进行协调，或是班干部发动班里同学出谋划策，调动家长资源予以帮助解决。

班主任在引导班干部明确通力合作、集体行动的重要性之后，就要加强班委会内部合作意识的培养。在2011年版"义务教育品德与社会课程标准"在课程内容设置中要求小学中高年级的学生"知道自己是集体中的一员，关心集体，参加集体活动，维护集体荣誉，对自己承担的任务负责。"这一要求与培养班干部合作精神的目标非常吻合，班主任可以参考"品社学科"的教学活动，建议"尝试与同学合作完成一件事，并在班内交流自己的体会和感受"，对班委会进行合作精神的培养。比如，班主任可以让每位班干部与其他同学组成一个行动小组，开展一次小小的集体活动，例如，为班级教室进行一次美化装饰、在校园里开展一次落叶清扫活动、在某个小区进行一次调查问卷活动等，活动之后，行动小组成员要交流体会、总结经验，这样既培养了班干部的组织管理能力，又巩固班干部与同学之间的关系。

此外，班主任还可以组织班委会内部成员进行拓展训练，加强班委会的内部团结与互相信任。有的班主任还会邀请班委会成员去自己家里做客，既拉近了师生的距离，也密切了班委会成员之间的关系。

⊙合作准则：确定中心，服从安排，统一行动

对于小学班干部之间的合作，班主任有必要在具体活动之前就引导他们确定本次活动的指挥中心，即由谁来负责整体安排，一旦确定之后，不能轻易更改，其他班委要服从安排，统一行动。

请看下面一则秋季运动会的案例，从中可以看出班干部互相配合应该遵循的准则。

☞ 案例现场

还有两个星期，学校就要举行一次秋季运动会。五年某班的班主任决定本班参加这次运动会的各项事宜由班委会去统一布置、实施。班委会的成员都很兴奋，也感到责任重大。以往都是班主任统一安排本班参加校运动会的各项准备工作，现在班主任放权给他们，他们决定要努力做好。

班委会首先开了个会，决定让班长统一指挥这次活动，然后把运动会前要做的各项准备工作逐一列出并做了分工：选拔、训练运动员由体育委员负责，活动道具大手板、大鼓以及运动员所用的毛巾、矿泉水等由生活委员负责准备，编排观众的加油口号、维持现场秩序由宣传委员与纪律委员共同负责。

选拔运动员的工作，由体育委员在班会上做了动员。同学们的积极性都很高，报名的人数很多。由于每项比赛都有额定人数，体育委员一时不好拿主意，该选定谁呢？班长提醒体育委员，可以把报名的同学名单交给体育老师，让体育老师根据平时的测试成绩，选定一些实力较强的同学参赛。体育老师选定之后，体育委员便

开始对入选的运动员进行训练，每天早上、中午都能在操场上看到他们的身影。班长又对报名但是落选的同学进行了一番安慰，说明了这次参赛的名单就按照平时的测试成绩确定的，这些同学也都欣然接受了这个结果，表示会为参赛的同学积极呐喊加油。

生活委员负责准备比赛用品。大手板、矿泉水、毛巾等物品，同学们都踊跃捐赠，生活委员认真做好记录，等比赛结束之后，给这些为班级作贡献的同学加分奖励。只差大鼓没有准备好，大鼓是鼓舞士气、呐喊助威的重要道具。上次运动会用上的大鼓是班主任提前借音乐组的，今年的却被别的班提前借走了，班上同学家里又没有大鼓，这可怎么办？四名生活委员一商量，没有大鼓就缺少了声势，大鼓还是要准备，那就只能在校外租了。周末的时候，四名生活委员一起出动，找到了一家出租演出道具的店，租到了大鼓，但是那个大鼓太大了，一般的出租车根本放不下，店里又不负责外送，该怎么搬运呢？其中一个生活委员想到了搬家公司，但是打过去电话一问得100元起价，班费倒是够用，但是他们不舍得一下子花那么多。他们给班长打电话，问能不能花班费运大鼓。班长想起班上张同学家里有吉普车，应该能装下大鼓，便急忙给张同学打电话，正巧张同学的爸爸周末在家，听到这个消息后，便开车把大鼓运到了学校班级里。生活委员一想，幸亏给班长打电话，不然要花更多班费了。

比赛那天，宣传委员在群众席的面前，带领观众同学齐声呐喊，大鼓声声入耳，振奋人心。运动员们奋勇拼搏，力创佳绩。在精彩的比赛过程中，班干部们感受到了团结合作带给大家的快乐与成长。

【案例小结】

案例中的运动会准备工作，首先确定了班长为领导核心，然后进行了详细的工作部署。体育委员、生活委员、宣传委员、纪律委员既有明确的分工，又有需要互相配合的任务。选拔运动员虽是体育委员负责，但他也参考了班长和体育老师的意见，班长还帮助体育委员对落选同学做好思想工作。在搬运大鼓的过程中，生活委员没有贸然下决定，尊重了班长的领导核心，积极征求班长的意见，使事情得到圆满的解决。

可见，班干部在通力合作、集体行动中，遵循一定的准则是非常有必要的，即确定中心,服从安排,统一行动。

职场感悟:_____

_____

_____

_____

第四章 班干部的合作

第二节　集体荣誉，共同维护——班委会凝聚力的提升

教海拾贝：　*集体生活是儿童之自我向社会化道路发展的重要推动力；为儿童心理正常发展的必需。一个不能获得这种正常发展的儿童，可能终其身只是一个悲剧。*

——陶行知

一个班级是不是具有凝聚力，首先要看这个班级有没有一支过硬的班干部队伍。而推动一个班委会、班集体团结进取、向前发展的精神动力，无疑是班级的集体荣誉感。那么，什么是集体荣誉感呢？集体荣誉感就是集体成员意识到集体的作用和价值，并自觉维护集体声誉的一种道德情感。在一个集体荣誉感强的班里，谁能为集体争光，谁就能受到尊敬和爱戴；谁做了有损于集体荣誉的事，谁就会受到班级同学的批评和指责。班委会作为一个班级的管理团队，既要加强内部成员的集体荣誉感，更要引导同学们认识到维护班级集体荣誉感的重要性，使班级同学更加热爱集体、关心集体，这样班级里的各种集体活动才能得以顺利开展。

⊙哪些事情关乎班级的集体荣誉

要让班干部在实际工作中维护集体荣誉，首先要让他们知道哪些事情关乎班级的集体荣誉。简单地说，在班级、学校的各项评比、竞赛活动中取得的成绩是否优秀，在遵守班规、校纪方面做得是否出色，都是关乎班级集体荣誉的事情。班干部要维护班级的集体荣誉，就要带领同学们努力在班级、学校的各项评比、竞赛活动中取得好成绩，同时监督同学们自觉遵守纪律，不做损害班级声誉的事情。

小学生的好胜心很强，这是非常可贵的。班主任一方面要倍加爱护，同时还要通过教育活动把它上升为进取精神和集体荣誉感。比如，有的班主任在班级里

开展各小组间的评比竞赛"小组擂台"。班级共有四个小组，每小组12-14人，全组成员首先给自己的小组命名一个充满活力、新颖别致的名字，如"神采飞扬"小组、"牛气冲天"小组等，然后将自己的组名标签贴到评比墙上。每天，小组成员的课堂发言、作业完成、遵守纪律、个人卫生等方面的表现都会给小组加分或扣分，每当加分时，小组成员都会为自己所在的组感到高兴，而有扣分时，则小组成员都会对被扣分的同学予以批评，督促他改正，被扣分的同学也会感到羞愧，争取在以后的表现中挽回被扣的分数。每周五进行总分评比，按分数的多少在评比墙上贴上小红旗，第一至第三名的小组分别得三面、两面、一面小红旗。每月末按照各组所得红旗的多少，进行表扬、奖励。通过小组竞赛，培养了各组成员的竞争意识，有了竞争才有了集体荣誉感的提升，在小组内形成了一种进步共勉、落后共助的良好氛围。

有些学校在每月都设立了主题评比活动，比如有"环境整洁"评比月，"出入有序"评比月，还有"文明就餐"评比月等，并将评比表贴到各班的教室前门上，每周五中午前班长把班级的自评意见写到自评栏里，写"合格"表示一周内班级的整体表现达到学校的评比标准，写"加油"则表明一周内有同学的表现未达到评比标准，自评不合格，周五下午，负责监督评比的老师或大队委员会把学校的评比意见写到每班评比表的"校评"栏，"合格"或"加油"，本班自评和校评都达到"合格"的班级，获得流动奖牌，连续四周都得流动奖牌的班级，将获得"金牌班级"的奖旗。这样的评比活动，非常容易调动起全班同学的集体荣誉感，特别是评比表贴在每班教室的前门，位置非常显眼，每当进出门都能看到本班的评比情况。每位同学都希望评比表中写上更多的"合格"，为班级获得荣誉称号。

还有些学校非常重视学生在校内外的各种文明表现，在一楼大厅树立各班的综合评比榜，进行全校展示。并印制各种评比的小奖章，由学校不同岗位教职工负责颁发。比如，在走廊里遵守出入有序、右侧通行、文明有礼的同学，会得到由走廊保洁阿姨颁发的"文明小标兵"奖章；在班车上遵守纪律、保持安静、安全乘车的同学，会得到班车长老师颁发的"文明小乘客"奖章；在班级里与同学友好相处、文明礼仪表现突出的同学，会得到全班同学评选的"文明小天使"奖章。得到奖章的同学，在奖章上写上自己的名字，然后贴到综合评比榜上。每天早上一入校，全校的同学都能看到自己班级的奖章积累情况，获得奖章的同学也能让全校同学看到自己的名字，感觉非常光荣。这样的评比活动，将个人的荣誉感与集体的荣誉感很好地结合在一起，调动了全校同学为班级争取荣誉的积极性。

⊙班干部如何共同维护集体荣誉

一般来说，班干部往往可以通过抓住各种评比活动，制定完善的奖励制度来激发学生的进取精神。在评比的过程中，各位班干部要发挥自己在班里的先锋示范作用，从我做起，以身作则，带动同学积极表现自己。同时，各位班干部要密切配合，发挥监督作用，并形成合力，督促同学自觉遵守纪律，避免出现违纪情况，给班级扣分。

班干部与同学共同努力获得的优秀成绩，可以使大家看到团结一致、劲往一处使就能战胜困难，同时使每一个集体成员增强奋发上进的勇气，加深热爱集体的感情，增强对集体的信任和依靠。争取集体荣誉的过程必然是班级和个人加强组织性、克服缺点错误的过程，这样做比简单的规定、限制、禁止，更能调动同学的自觉性、积极性和主动性。

但是，在各项评比活动中，难免会有违反纪律、影响班级评比成绩的同学。对于这样的同学，班干部应该如何处理呢？请看下面的案例。

☞案例现场

在"出入有序、右侧通行"的评比月中，班里有个同学因为在走廊里跑跳，被两名"评比监督小卫士"抓住了，小卫士要求这位同学在纪律单上签字确认。今天是周五，这位同学知道这个周的前几天都没有违纪情况，如果现在签上自己的名字之后，不但自己会被班主任批评，还会因为自己一个人的错误而将全班努力都化为泡影，影响本周班级的评比成绩。他便不肯承认自己的错误，说自己没有跑跳，只是走得快了些，小卫士是没有看清楚。于是，双方争执起来，走廊里立刻聚集了很多同学。

路过的体育委员一看是本班的同学与小卫士发生了争吵，马上上前去了解情况。小卫士向他说明了那名同学的跑跳情况和不承认错误的表现。体育委员马上向那名同学说："错了就是错了，两个小卫士都没看清楚吗？赶快签字，然后再向班主任老师去承认错误,不然走廊里的同学这么多,争执下去只能更丢脸。"那名同学只好不情愿地签上了自己的名字。

回班后,体育委员向纪律委员说了这件事,纪律委员记录了那名同学的违纪情况,并向班主任汇报这个情况。班主任在下午召开的班会上,首先了解了那位同学的违纪情况,那位同学也承认自己确实在走廊里跑跳了,并说明了自己最开始不肯签字的原因是怕受到批评、怕给班级扣分。班主任让班级同学发表看法,如果违纪了,应该怎么办?对违纪的同学应该怎样处理?

有的同学说:"违反纪律,就要勇敢地承认自己的错误,积极改正自己的问题,避免再犯类似的错误。"班主任肯定了这个发言,同时也表扬了体育委员的做法,并告诫其他班干部如果发现本班的同学违纪,一定要公正地处理问题,让同学主动承认错误,避免造成更坏的影响。

在对违纪同学进行处理的问题上,同学们则反应不一。有的说,本周的评比成绩都因为他一人而得不到"合格",应该重罚,罚抄课文等。有的说,他最开始不肯签字认错,说明他也怕自己的错误会给班级扣分,他并不是故意犯错的,应该原谅他这一回。

班主任让纪律委员发表自己的看法,纪律委员说:"这次违反纪律的事,也有我的负责,我没有监督好本班同学在走廊里的表现。我觉得可以让他和我在下一周共同监督走廊纪律,他管一段,我管一段,这样就能监督得更全面一些,也是给他一个改正错误的机会。"尽管有的同学觉得这个处罚太轻了,甚至都称不上处罚,但是大部分同学还是觉得合理。于是,班主任同意了这个意见。

【案例分析】

案例中的体育委员在职责分工上,并不负责本班的纪律情况,但他及时处理了本班同学的违纪问题,并与纪律委员及时沟通,体现了班干部之间的密切配合。纪律委员能够反思自己的工作失误,建议与违纪同学一起监督走廊纪律,也得到了大家的肯定。

【案例小结】

班干部看到本班的同学违反纪律,就要积极上前,在了解情况之后,一定要劝说本班的同学认识到自己的问题,要敢于承认自己的错误,而采取撒谎耍赖的方式不但不会抹去自己的错误，而且会影响其他同学对本班的看法，影响本班的声誉。

可见，保证班级不被扣分，评选上优秀，是在争取班集体的荣誉。同样，勇敢地承担负责，也是在维护集体的荣誉，是在塑造一个讲规则、讲道理、知错能改的良好集体形象。

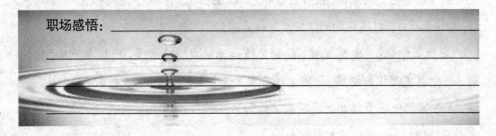

职场感悟：

第三节 在"一日常规"中体现配合

教海拾贝： 若不团结，任何力量都是弱小的。

——[法]拉封丹

小学班级的一日常规活动中，最需要班委会发挥互相配合、踏实工作的作风。细数一日常规工作，从小学生早上一入学就开始了，比如，入校或下班车之后的师生问候、入班之后的物品整理、课堂上的发言情况、课间的走廊秩序、课间活动的参加情况等。这些常规管理工作，仅靠班主任一个人的力量是远远不够的，必须充分发挥班委会全体成员的力量，协助班主任做好各项工作，保证班级的正常教学秩序。

以下主要从四个方面来阐述班干部互相配合的工作模式。

⊙间餐、午餐：服务众心齐

间餐是在有些小学校里实行的就餐制度，一般是在早上第一节课下课之后进行，间餐一般为糕点、牛奶之类。小学生的精力旺盛、体力消耗大，往往到午餐之前的第三节课就会感到肚子饿，而间餐制度有利于为小学生及时补充可口的食品，为上午的学习、活动储备能量，也为小学生的身体发育提供了有利的营养。

间餐一般是由食堂的工作人员送到各班，然后由各班的生活委员负责发放。各班的生活委员需要在发放间餐之前，穿好工作服，戴好口罩和手套。四名生活委员有一定的分工，事先确定好谁负责发放糕点，谁负责发放牛奶，在发放间餐时，四名生活委员要拉开一定距离，避免造成同学们拥挤领间餐的情况。

同时，班长负责维持各组同学领取间餐的秩序，可以按顺序叫各组同学去洗手，排队领间餐。对于在排队时大声喧哗、推挤的同学，班长要提醒其及时改正，保证队伍的秩序。领到间餐的同学，要回到自己的座位上，安静就餐。纪律委员负责观察监督就餐情况，记录表现不好的同学，对其所在的小组进行扣分。

间餐结束之后，劳动委员要负责让值日同学及时打扫地面的卫生，并检查桌面的卫生，提醒桌面有食物残渣的同学及时清理。

午餐，有些班级是在教室里就餐，有些班级则是在学生餐厅里就餐。

在教室里吃午餐的班级，四名生活委员需要明确分工，谁负责发餐具，谁负责发饭，谁负责发菜。另外，生活委员自己的午餐，则由同桌负责打好放到桌子上，这样就节省了生活委员给自己打饭的时间，以便迅速地给其他同学打饭。

两位班长分头负责，一位负责在教室里叫同学逐一去洗手、排队打饭，一位负责维持队伍的秩序，并检查洗手的情况，杜绝插队、大声喧哗、推挤的现象发生。

在学生餐厅里吃午餐的班级，则需要由体育委员按时把队伍带到餐厅的指定座位。然后，由生活委员协助食堂的工作人员进行餐具的摆放，饭菜的发放，以及餐具的回收工作。对于纪律出现问题的同学，班长和纪律委员要负责及时提醒，必要时做好记录，回班后进行总结反思。其他班干部则要提醒自己餐桌周围的同学保持安静有序的就餐状态，将就餐时发生的问题，及时告诉班长、纪律委员，或是班主任、食堂的工作人员予以解决。

⊙两操三队：纪律共维护

两操，是指课间广播体操、眼睛保健操。三队，是指课间队、放学队以及做操队列。在小学的日常管理中，两操三队几乎是每天都要管理的重要内容。两操做得规范，才能更好地锻炼身体，为学习提供更有利的身体条件。三队走得认真，才能更好地体现班级的良好风貌，保证学生的安全。所以对于两操三队，所有的班干部都应发挥自己的管理能力，保证班级的正常运行。

广播操，一般都由班主任负责带领，几名体育委员分头负责队伍排头、队中以及队尾的纪律，随时督促同学保持前后左右对齐，禁止随意说话。在做操的时候，几名体育委员尽量在固定的位置观察队伍的情况，不要随意走动，以免影响同学们做操时的注意力。对于不认真做操的同学，体育委员要及时予以提醒。其他班干部也要注意提醒周围的同学保持队形，认真做操。

眼睛保健操，一般在室内进行。有时，班主任不能到班监督，就需要班长、体育委员与纪律委员共同负责，组织同学按照音乐的节奏认真做操，随时对做操不认真的同学进行提醒。对表现良好的同学或小组可以进行加分；对做操不认真的同学，班干部要向其说明做操的重要意义，让其补做；对于不听班干部劝告的同学，要对其所在的小组进行扣分，必要时向班主任汇报。

⊙课间活动: 安全人人记

课间活动是学生们在校园内更为活跃的时间，一般集中在中午休息和下午大课间的时候。午餐之后，体育委员要负责整队，带领同学们到运动场去活动。班长要检查室内的情况，对不爱参加室外活动的同学，班长要及时予以督促提醒。

体育委员把同学们带到运动场上指定的位置后解散队伍，自由活动。体育委员和体育部的各项运动小组长，可以带领同学们开展一些有组织的团体活动，比如踢足球、打篮球等。在课间活动结束之后，体育委员要在指定的集合位置整队，将同学们及时带回教室。

此外，纪律委员要负责监督学生是否玩一些有危险性的游戏，其他班干部发现类似情况后要当场予以制止，事后向纪律委员或班主任汇报，纪律委员做好记录，对相应的小组进行扣分。

在课间活动中，学生之间发生碰撞、擦伤的事情不可避免。一旦发生受伤事件，生活委员就要负责陪同受伤的同学及时到校医室进行治疗。对于受伤情况较重的同学，生活委员要及时通知班主任联系家长，将其送到医院治疗。如果发生受伤事件时，生活委员不在现场，其他班干部和同学都有义务把受伤的同学及时送去治疗。

⊙值日: 监督不缺席

在每日的班级管理里，卫生值日是一个很重要的内容。卫生值日如果做得不好，就不能保持教室的整洁环境，直接影响班级的卫生评比，也会对同学们的学习和身体健康造成不良的影响。

每天的教室卫生清扫一般分为早、中、午三次。各值日小组长要提醒组内成员按照分工内容进行，保证每天的清扫次数与质量。劳动委员负责监督，检查卫生值日的完成情况，提醒小组长和组员打扫未注意到的角落。劳动委员还要负责记录值日生的表现情况，每周评比一次"劳动之星"，表扬劳动积极的同学，对劳动不积极甚至逃避的同学要予以批评指正。

在每周的全班大扫除中，除了由劳动委员负责监督外，班长也要协助监督，其他班干部则要带动同学们积极劳动，并及时解决劳动中发生的一些突发事件。

有些班级实行"值日班长"制，主要是让班级同学轮流监督每日的班级纪律情况，我们称之为"纪律值日"。

在值日班长履行职责的时候，班长和其他班干部尊重值日班长的权利，听从值日班长的提醒，并积极协助值日班长对全班同学的纪律进行监督管理。

由于值日班长是由非班干部同学轮流担任的，难免会出现工作方法不当、与同学发生矛盾的时候。班长和纪律委员要注意对值日班长上岗前的培训，告知一些常用的管理方式和解决事件的方法，以帮助值日班长顺利完成自己的纪律值日任务，提高自己的管理能力，增强他的成就感与自信心。

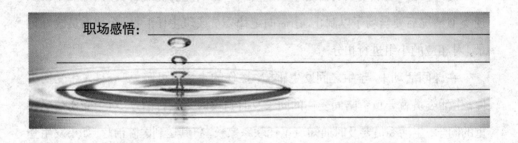

职场感悟：

第四节 在各项集体活动中达成合作

教海拾贝： *单个的人是软弱无力的，就像漂流的鲁滨孙一样，只有同别人在一起，他才能完成许多事业。*

——[德]叔本华

班级的各项集体活动是班主任对班级里的学生进行集体教育和个别教育、培养学生素质基础的基本形式，也是班干部大展才华的大好时机。除了一日常规活动之外，在班级的各项集体活动中，班干部也要积极合作，保证活动的顺利开展与圆满完成。常见的班级集体活动主要有以下几项：

⊙组织班级每期例会：各抒己见，达成共识

班级例会，简称班会，是以班为单位，对学生进行思想教育的重要形式。组织开会是班干部最常用的工作方法，通过班会布置工作，获取信息，集思广益，以及宣传鼓励都离不开它。开会并不难，难的是让班内同学都乐意开，开出效果。因此，班主任要教育和指导班干部组织好班级例会工作，发挥班委会的团结协作精神。

班委会筹备班会的第一项工作，就是要召开班委会内部会议，讨论确定本期班会的主题或议题。其他班干部则要在会议召开前，从近期班级或学校发生的事情中提取自己认为有必要进行讨论的材料，以便在班委会提出自己的议题。班委会内部会议一般由班长主持，可以请班主任参加讨论。

在班委会上确定班会议题和流程时，需要注意以下几个问题：

(1) 班委会会议一开始，各位班干部要积极发言，把自己的观点讲清讲透，充分发扬会议民主，讨论离题时，班长或班主任应巧妙地加以引导和纠正；

(2) 鼓励会议上的辩论和争鸣，讨论应不加限制，各抒己见，畅所欲言；

(3) 会议有较大分歧时，班长要提醒各位班干部不固执己见，尊重客观实际，所选的内容要"新、近、实"，注重实效性；

(4) 分清各位班干部所提议题的大小、轻重、虚实、缓急，以及它们的相互关联，进行筛选、整合，以便科学地确定将采用的议题和班会的具体流程；

(5) 确定下来的议题宜少不宜多，要有科学性，表述要简明准确，语言逻辑要规范；

(6) 主题班会的类型有指导学习类、思想教育类、生活指导类、审美娱乐类等，形式有座谈、讨论、演唱、朗诵、讲故事、参观、访问、报告会等。班干部可以根据所确定的议题，灵活地选择班会的类型与形式；

(7) 对会议讨论的结果，班主任或班长应及时予以公正地评价和总结，学习委员择其重要者写入会议纪要和简报。

在召开班会之前，班委会的成员还要做好充分的会前准备：

(1) 生活委员、学习委员负责把主题班会要用的东西及时准备好，如会场布置用的鲜花、图片、横幅以及PPT课件等；

(2) 班长或其他班干部去邀请相关的领导、教师参加本期主题班会；

(3) 班长或学习委员需要提前向同学们公布本期班会将讨论的议题，提前调动其他班干部和每个学生的积极性，学习委员指导同学自觉投入与主题班会有关的各项准备工作，比如准备与议题相关的文字材料，排练与主题相关的小品、情景剧等。

班主任还需要指导班干部主持班会和互相配合的方法：

(1) 全体班干部都以饱满的工作热情和奋发进取的精神状态参加班会，振奋班内同学的参与热情，共同创造良好的会议气氛；

(2) 班长在主持班会时，讲话要简明扼要，热情洋溢，准确有力，风趣幽默生动，有鼓动力。如果班长有表达不准确的地方，其他班干部可以及时予以补充；

(3) 班干部在指导同学发言时，要注意集思广益，不固执于自己原有的意见，不过早地表白自己的主意和想法，防止压制同学们的积极性、主动性和创造性；

(4) 鼓励同学们畅所欲言，善于捕捉和发现真知灼见，善于启发沉默者发言，虚心听取发言同学的意见，学习委员或其他指定的会议记录员要随时做好记录；

(5) 注意会议导向，当讨论离题或发言有偏差时，班干部们要保持清醒的头脑寻找契机引导纠正，并尽可能使发言的同学愉快地接受；

(6) 班长应准确把握会议的时间和效果，达到预期目的后应及时结束会议。要尽量开短会，不要轻易追加会议内容。

在本期的主题班会中，从确定班会主题或议题，到调动同学在班会中积极发表自己的意见，进行讨论，都需要班干部发挥自己的聪明才智，注意配合，使班会的确定议题得以充分讨论，让同学们从中得到启发和教育。

⊙参加学校评比活动：同心协力，力争上游

要想在学校的各项评比活动中取得好成绩，仅靠几位班干部的组织管理是无法实现的。班委会的全体成员必须同心协力，调动起全班同学参与评比的积极性与认真态度，全班上下合成一股劲，力争上游，才能在评比中取得理想的成绩。

前面已经列举过学校的一些评比活动，比如"环境整洁""出入有序""文明就餐"等，其中处处体现了班委会全体成员同心协力、互相配合的重要性。再以"书香班级"的评比活动为例，分析各位班干部密切合作所产生的集体力量。

班级要参评的学校"书香班级"建设活动，首先要制订一个"书香班级"建设方案。这个方案可以在班委会上制订，也可以在班会上号召全班同学出谋划策，共同制订。

制订完方案之后，各位班干部就要按照确定的分工任务去认真完成，具体可以分为以下几项工作：

(1) 学习委员、语文科代表与语文教师共同制订好书香班级读书计划和时间表，确定本班本学期共读书目及晨读、午读内容，必要时可以编印晨读手册，以方便同学们阅读。还需要开设阅读指导课，使同学熟悉并运用做读书笔记的方法。

(2) 生活委员和宣传委员负责采购装饰用品，完成"书香班级"教室环境布置，营造优美的班级读书环境。班级的图书角要进行定期的更新，为同学们提供可利用的读书资源；

(3) 学习委员负责划分班级里的读书小组，检查读书笔记的完成情况，每周评选出四名认真完成读书笔记的"读书小博士"。每周选择一个读书小组承办一次读书推进会，向全班同学推荐一本好书，展示本组成员读书的过程与成绩，引领全

班读书活动的深入；

（4）班长和学习委员组织开展"经典美文伴我行"读书诵读活动，提高同学的朗读水平和赏析能力；也可以开展各类阅读竞赛，比如读写比赛、诗文诵读竞赛、趣味知识竞赛、演讲比赛、讲故事比赛、征文竞赛、课本剧表演赛等等。通过广泛开展丰富多彩的读书活动，使班级里充满阅读的喜悦，使同学们在读书中改变自己、充实自己、丰富自己；

（5）为了保证晨读、午读的时间与效率，班长和纪律委员要做好监督与记录工作，每周评选出四名读书时姿势端正、专心致志的"读书之星"。

（6）班长负责印发《"书香家庭"活动计划书》，进行宣传发动。注意发挥班级家长委员会的作用，开展"亲子读书"行动，号召每一位家长参与到孩子的课外阅读中来，和孩子共读一本书，全班同学共同投票评选"书香家庭"。

（7）宣传委员负责设计"读书心得卡"、"家庭读书反馈卡"等读书卡片，并制作展示本班读书卡片的宣传板，做好美化工作，定期对外展出宣传。

⊙开展其他集体活动：集思广益，统一行动

本着"活动育人"的教育理念，班主任除了指导班干部在班级和学校组织的各项评比活动中积极配合、认真工作外，还应该引导班干部开发活动资源，丰富活动内容，使班干部在活动中得到能力的提升，使班级同学在活动中得到成长的快乐。以下几项活动可供班主任和班干部参考开展：

1. 组织好社会调查活动

目前，小学3—6年级已经开设了"综合实践课程"，这门学科要求学生带着研究问题，走出课堂，深入社会生活，去调查研究，培养学生的实践能力与创新能力，增加社会阅历与体验。比如，某校五年级综合实践的活动主题是"从汽车看世界"，班级同学分成了几个活动小组，进行各种形式的调查研究活动。其中一个活动小组在居民小区开展问卷调查活动。在班干部的带领下，活动小组的成员集思广益，对调查问卷进行反复的推敲与修改，然后利用周末时间统一行动，在小区里开展问卷调查活动。在收回调查问卷之后，他们又分工负责，分别进行了问卷筛查、数据统计、数据分析等工作，并合作撰写了简单的调查报告。

请看他们的调查问卷：

关于××小区居民用车情况调查报告

您好！我们是××小学五年级综合实践活动小组的成员，制作此问卷是为了了解您所拥有的家用车情况，对本小区居民家用车情况进行研究，完成调查报告，希望获得您的大力支持。谢谢！

1. 您家有（　　　）辆车？

A.1辆　　B.2辆　　C.3辆　　D.更多

2. 您的车是什么品牌？

答：_____

3. 您的车价格大约是多少？

答：_____万元

4. 您的车是什么颜色？

答：_____

5. 您的车是（　　　）档？

A.手动　　B.自动　　C.半自动　　D.手自一体

6. 您的车是什么车型的？（　　　　）

A.微型车　　B.小型车　　C.中型车　　D.大型车

7. 您购买家用车时，是用什么方式付款的？（　　　　）

A.一次性全款　　　　B.分期付款

8. 您为什么购买这辆车？（填自己的理由）

答：_____

9. 您的车是在什么地方购买的？

答：_____

10. 您以后还想购买家用车吗？（　　　　）

A.是　　　　B.否

我们的调查结束了！谢谢您的参与！！

××年×月

还有几个活动小组，在班干部的组织下，去4S店体验，了解汽车销售的相

113

关情况。

在班干部的带领组织下，各个活动小组的实践行动开展得有条不紊。在活动中，同学们对汽车生产、销售、使用等相关情况有了较为深入的了解，调查研究的能力也得到了进一步的提升。

2. 组织好社会公益活动

公益活动是指一定的组织或个人向社会捐赠财物、时间、精力和知识等活动，内容包括社区服务、环境保护、知识传播、公共福利、帮助他人、社会援助、社会治安、紧急援助、青年服务、慈善、社团活动、专业服务、文化艺术活动、国际合作，等等。

适合于小学生开展的公益活动并不多，在开展公益活动之前，班主任要指导班干部准确选定活动的内容，需要注意以下事项：

(1) 找准服务内容。社会公益活动不是毫无目的的，这种目的必须通过服务的内容加以体现。适合于小学生开展的公益活动有社区服务、环境保护、知识传播、慈善等，班委会成员要根据当时当地的具体情况，认真讨论，征求同学们的意见，加以确定。

(2) 找准服务对象和地点。服务对象和地点确定得如何，直接影响到活动的效果。比如一般情况下，帮助孤寡老人送煤洗衣就比帮助一般人要强，到公共场所打扫卫生就比在其他地方打扫要强。这些情况，班干部要多征求同学们的意见，也可以调动家长资源，联系服务对象，提供交通工具，以便能够更顺利地开展公益活动。

(3) 活动中注意分工，发挥各自的优长。比如，去敬老院慰问，就要选一些能歌善舞的同学编排文艺节目，选一些吃苦耐劳、认真踏实的同学参加卫生清扫工作，总之，要根据同学们的不同特点，合理分配活动任务。

(4) 及时总结活动的经验与感受。在公益活动结束之后，班干部要利用班会的时间，让同学们交流自己的体验与感受，对在活动中遇到的一些社会现象进行正确的认识和甄别，使同学们从中得到教育。

3. 组织好学习竞赛活动

开展学习竞赛活动是班级浓厚学习气氛，激励学习竞争，检验学习效果，调动学习积极性，提高创造能力的一种有效形式，这项活动的组织开展有一定的难度，班主任要指导班干部做好以下工作：

(1) 在选择竞赛内容方面，要准确，更要广泛。各位班干部、科代表可以从班级管理、自我教育、学科知识等角度进行开发，如经典诵读知识竞赛、安全教育知识竞赛、实践操作能力竞赛、"小发明、小创造"活动竞赛、文明礼仪展示竞赛、社会知识学习、团(队)知识竞赛等等。因此，在选择竞赛内容上要做到广泛性与重点性、专业性和兴趣性的结合，做到选择的多角度、多方位，使参加的同学机会增多，人数增多。

(2) 在选择竞赛活动的方法上，要注意知识性与实际性的结合，严肃认真与灵活多样的统一，公平性与趣味性并重。根据不同情况、不同内容，可采取书面答卷、集体答卷、现场答卷、现场操作等方法。在班干部分工方面，学习委员负责制作答卷，班长和纪律委员负责现场监督，生活委员与体育委员负责评比打分等，具体分工也可以根据竞赛内容灵活确定。

(3) 在组织活动时，班干部要注意各方面的联系。班干部对班级同学最近时期的学习兴趣要全面了解，摸清底细，以便选准内容、方式、方法，预测竞赛活动的效果，做到心中有数；也要听取班主任和任课教师的指导，以便使活动计划在思想方向上更为正确。同时充分利用班级、学校的现有资源，注意开发家长资源，使竞赛活动的时间、场地、经费等得到保证，对各方面的情况要广泛联系，扩大活动的交流面和效果。

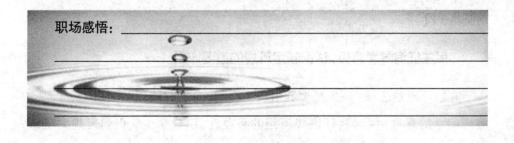

职场感悟：

第五节　立足班情，共拟方圆
——制班规，正班风

教海拾贝：　学生自治不是自由行动，而是共同管理，不是打消规则，而是大家立法守法。

——陶行知

小学阶段是学生身心发展的关键时期。美国的心理学家威廉·詹姆士说过："播下一个行动，收获一种习惯；播下一种习惯，收获一种性格；播下一种性格，收获一种命运。"也就是说，习惯可以决定人的命运。因此，学生平时的一举一动、一言一行，显得尤为重要，都关系到他们良好的道德品格和文明习惯的形成。而如果全由班主任要求学生怎样怎样做，学生可能会产生抵触情绪，效果不明显。因此，班主任要组织全班同学共同制订出一份班规班约。因为班规是学生们自己制订的，是符合他们的实际的，所以他们在情感和理智上都非常认同，执行起来也就十分有效，从而让每个同学严格遵守班规并管理、约束好自己。

可见，班规是班主任管理班级的依据，是形成良好班风的保障，是保证学生学习、克服不良习惯、促其全面发展的有效手段，也是班主任管理班级和教育学生的基本手段。

⊙民主征询同学意见，认识制定班规的重要作用

在制订班规之前，班主任要利用班委会、班会的时间，民主征询班干部、班级同学的意见，探讨制订班规班纪的必要性，引导学生认识到班规对班级建设的重要性。

(1) **班规是班级正常运转的必要条件。**班级是学校进行教育、教学工作的基本单位，班级需要一整套科学的全面可行的运行机制。从班级的动态看，

班级以目标、活动、评价、反馈等形式体现其组织、管理、教育和控制（规范）功能。制订班规，使班级工作有章可循，可以避免班主任工作的盲目性和随意性，也可以避免学生学习生活的随意性和盲目性。可见班规就是规定一整套科学系统的、全面可行的班级运行规章。

(2) 制订班规是班级民主管理的需要。培养学生的民主意识是学校教育的重要任务，民主意识的增强、民主管理的实施不仅仅是空洞的口号，而应是使学生成为班级主人的行动。班级管理如果只靠班主任辛辛苦苦的"保姆式"管理、专横高压的"专政式"管理和不负责任的"放羊式"管理是注定要失败的。搞好班级管理，必须依靠全班成员发挥高度的积极性，让学生人人成为班级的主人。所以制订班规是为了更好体现民主管理思想，让学生真正成为班级的主人。

班主任在引导班干部、班级同学制订班规时还应遵循一定的原则：

(1) 合法性原则。小学班规的制订要以国法校纪为依据，要符合国家的教育方针，要符合《未成年人保护法》、《义务教育法》、《小学生守则》、《小学生日常行为规范》等相关要求，不可与国法校纪相违背。

(2) 民主性原则。班规的制订要由全班全体学生讨论通过，不是班主任的个人意见，班主任可以是班规制订的参谋者和指导者，要调动全体学生参与班规的制订。这样可以保证班规应有普遍的约束力。这种约束力针对的是任何学生，甚至是班主任自己。

(3) 可行性原则。一个班有一个班的具体情况，所以班规的制订要根据不同的班级、不同的学生制订相应的班规，不可依据班主任的经验千篇一律，一贯而行。尤其在执行的过程中，还要考虑学生的承受能力，最好能根据学生的发展情况，对班规进行不断的完善，做到行在规先。

(4) 宽容性原则。班规是具有一定的约束力和强制性，但它并不是国法、校纪，班规的出发点仍然是教育和自省。因此，班规在内容和执行中，要有一定的宽容性，要成为道德公约性质的约束力量，而不是法律纪律性质的强制力量。

⊙准确分析班情，制定有效规章

要制订符合本班实际的班规，就要准确分析班情，这里的班情一般包括学生的发展特点、本学期的奋斗目标、学校的评价活动与评价标准等。

制订班规的流程，班主任可以灵活地采取多种形式。比如，班主任可以指导班干部先在班委会会议上展开讨论，集思广益，制订出班规的征求意见稿，然后在班会上，由全班同学分组讨论意见稿，并进行有建设性的修改，最后进行全班交流，使班规的正式稿得以确定下来。也可以先让全班同学分组提交小组制订的班规草稿，由班干部进行汇集整理，合成讨论稿，最后在班会上由全班同学进行集中讨论、修改，形成最后的班规正式稿。

请看下面的一则班规案例：

☞ **案例现场**

××班班规

为了推动本班同学在本学期的学习、卫生、纪律等方面取得更快更好的进步，提高同学的自主管理能力，经全班同学协商同意，制订本学期班规如下：

1.学习方面——学习小组竞赛制度。

（1）目的：充分调动学生学习的主动性、积极性，让每个学生养成刻苦学习、奋发向上的品德，进一步形成团结、协作、竞争、进步的学风和班风。

（2）方法：把全班分为6个学习小组。以小组为单位，展开学习竞赛。每次学习测试都要进行比赛，找出差距，弥补不足。对各小组中的测试成绩排在后面的两名同学，同组成员要进行耐心地辅导，帮助他们分析原因，并提出改进建议。倡导同学之间互相帮助，团结友爱，公平竞争，共创佳绩。

2.卫生方面——卫生检查评比制度

（1）目的：教室卫生是班风班貌的具体体现，桌椅整齐、窗明几净是我们班的卫生目标，学校对教室、卫生区的检查是对学生、班级卫生的有效督促，班级的全体成员应积极搞好班级卫生，营造整洁优美的班级环境。

（2）方法：以学习小组为单位变为卫生小组，每小组值日一周，进行卫生评比。评比的标准是学校的卫生检查，劳动委员、生活委员对每天的丢分情况给予登记和通报，每周一利用班会时间公布各小组的丢分情况，五周后各小组值日一轮结束，进行评比。丢分越少名次越高。表扬前两名的小组，对名次最末的一组，要问清楚原因，对个别不值日的同学要给予批评教育，并要求同组成员在下周内重点关注与帮助此类同学改正错误。

3.纪律方面——违纪登记告知制度

（1）目的：减少班级纪律丢分，增强学生自制能力，养成遵规守纪的良好习惯。对自己的错误要正确认识，切记"过则无惮改"、"君子不二过"，推动自身品德素质不断进步，成就健康人格。

（2）方法：制订《学生违纪情况登记表》，贴在班内，以学校纪律考核为依据，每个学生的违纪扣分都由纪律委员登记在表内，凡是违纪丢分的学生要利用课间时间，主动向班主任说明丢分的情况，解释丢分的原因。没有特殊原因的要诚恳地承认自己的错误，积极改正，避免再次犯同样的错误；对偶尔违纪丢分的学生只要认识到错误，诚恳表示下次改正就不再追究；对于多次违纪，尤其是课上违纪的学生，由于严重影响到班级的教学秩序与良好氛围，干扰其他学生的正常学习，因此要予以重点帮助和教育，尽力帮助他认识错误，改正错误。

以上班规，班级全体成员要共同遵守、积极执行，推动班级和自身的良好发展，努力形成良好的班风。

×× 年 ×× 月

【案例分析】

以上案例中所列出的班规是从学习、卫生、纪律方面进行班级管理的相关规定，详细介绍了各方面所采用的管理制度、目的和方法。可见，这个班规是从学校、班级的各项评比活动的角度制订的，有助于班主任和班干部在所列出的方面进行班级管理，做得有章可循、有法可依，也使学生将自身的发展与班级的建设融合起来，以学促建，以评促改，推动班集体在学习、卫生和纪律等方面得到更好的发展。

每个班级的班情不同，所制订的班规的形式、内容、风格也是多种多样、各具特色。此外，2011年版"义务教育品德与社会课程标准"的课程内容中要求中年段的学生"知道班级和学校中的有关规则，并感受集体生活中规则的作用，初步形成规则意识，遵守活动规则和学校纪律。"并建议教学活动"通过游戏和学校、班级活动，体验规则的必要性，并尝试制订规则。"班主任可以和品社老师进行合作，让同学们利用品社课的教学时间展开讨论，制订班规。

⊙严肃班规，引导集体舆论，形成良好班风

班规班纪制订之后，班主任和班干部在进行班级管理的时候，就有章可循，通过一系列的奖惩条例，来约束和规范学生的行为，倡导优良的习惯和品行，促进全班同学德、智、体、美诸方面素质获得和谐发展。班规班纪的制订也有助于完善"学校管理与学生自我管理相结合"的德育管理办法，达到激励和鞭策学生的目的，使班级和学生都能够得到尽可能快的发展，并有利于维护正确的集体舆论。

集体舆论是在集体中占有优势的、为大多数人所赞同的言论和意见。集体舆论是集体生活和集体成员意见的反映，以议论、褒贬等形式肯定或否定集体的动向和集体成员的言行。有无正确的集体舆论，是衡量一个优秀的班集体是否形成的重要标志之一。而正确的集体舆论是学生自我教育的重要手段。班主任要通过语言说理、榜样示范、情操陶冶、活动锻炼、品德评价等多种方法来培养正确的集体舆论，其关键是使学生树立正确的是非观。

一个班的集体舆论持久地发生作用就形成一种风气，这就是班风。优良的班风或传统是一种巨大的教育力量，它无形地支配着成员的行为和集体的生活，培养集体成员的荣誉感、自豪感和对集体的尊重，对增强班级凝聚力发挥着巨大的作用。班主任要有意识地培养优良的班风和传统，主要是做到讲清道理，树立榜样，严格要求，反复实践。

请看下面的班风培养制度与自我评定制度：

1. 良好班风培养制度

(1) 班主任要明确教育目的和培养目标，以《中小学生守则》、《中小学生日常行为规范》等相关要求，对学生进行正确的引导、教育，提高学生的集体荣誉感、责任感和社会公德意识。

(2) 办好黑板报、墙报、班报，充分利用有关的舆论阵地，加强正确引导。

(3) 班主任应巧妙恰当地运用批评与表扬，使学生明确"坏人坏事有人抓，好人好事有人夸"，提高学生明辨是非的能力，以达到树立正确集体舆论，树立良好风气。

(4) 树立典型，发挥班级干部骨干作用。坚持正确的态度和做法，在班级里

形成自觉抵制不良行为，维护班集体荣誉的氛围。

(5) 尊重每一位任课教师，积极与任课教师进行协作。

2. 良好班风评定制度

(1) 班级成员都明确班级的奋斗目标，勤奋好学、朝气蓬勃。

(2) 有正确的集体舆论，有正面典型。

(3) 全体成员能够严格遵守纪律，心情愉快、团结友爱。

(4) 全班同学都有高度的集体荣誉感以及责任感，有争创一流的决心和信心。

(5) 全班同学自觉遵守纪律，自制力较强。

职场感悟：

第六节　推心置腹，坦诚相见
——化解班干部之间的矛盾

教海拾贝： 管理者的最基本能力：有效沟通。

——[英]C.威尔德

　　班干部是班级的领导核心，他们的工作对于班级的发展起着至关重要的作用。班干部齐心协力，精诚团结，有利于班级目标的实现，可以把广大同学紧密地团结在班级领导机构的周围，为实现共同的班级目标而奋斗。班干部的团结还有利于协调班级舆论，协调班级的价值观，有利于班级集体的形成。同时，小学班干部毕竟只是一些尚未成年的学生组成，他们的性格、世界观等还未完全成熟。再加上受到知识的限制，致使他们的判断能力相对较弱，缺乏建立良好人际关系的艺术，有时不能很好地处理原则性与灵活性的关系，不能掌握尊重别人与坚持己见的界限，从而使干部之间出现摩擦或者矛盾，有时甚至呈现激化状态。班级干部的不团结，给班级的建设和发展带来了不良的影响。因此，班主任必须重视班干部之间的团结，及时化解他们之间的矛盾。

⊙掌握详情，做好双方的心理疏导工作

　　班主任要化解班干部之间的矛盾，首先要了解造成班干部之间矛盾的详细原因，对症下药。对于不同的原因，班主任要采取不同的方法加以教育。

　　如果班干部之间的矛盾是因为个人情感而造成的，比如，一名班干部对另一名班干部抱有成见，放大了对方的缺点，而忽略了对方的优点与优势，产生瞧不起对方的心理，并在班级工作中使这种成见表现出来，导致双方矛盾公开化。对这种情况，班主任不宜用高压、强制的办法加以处理，而应当通过细致入微的情感疏导加以解决，让他们在情感上包容对方，增进对彼此的理解。

如果班干部之间的矛盾是因为其他同学从中传播误解、谣言或故意挑拨关系而造成的，比如，班里的同学听完某一个班干部的话，断章取义，告诉另一个班干部，从而造成了两个班干部之间的误解，或是某个同学为了故意挑拨两个班干部之间的关系，传播谣言。对这些情况，班主任要及时公开制止谣言的传播，将两位班干部和传播谣言的同学叫到一起，详细了解事情的来龙去脉，以公正的态度，破除误解和谣言，化解班干部之间的矛盾。

如果班干部之间的矛盾是在处理班级事务的过程中形成的，比如班长和学习委员因为学习经验交流会的组织问题产生矛盾；班长与劳动委员因为划分包干区或确定责任人问题产生矛盾；宣传委员与某一兴趣小组组长因为板报问题产生矛盾等等，班主任应当充当一个裁判员的角色，根据意见确定谁是谁非，确定谁的计划更可行。在班会或其他公共场合对双方都提出表扬，赞扬并解释说明他们都在为班级的发展献计献策，班级只是不可能同时采纳而已。鼓励他们以后继续为集体出谋划策，并在这个过程中要求他们双方保持团结，共同为班级服务。

⊙灵活选择化解的场合和方式

要妥善化解班干部之间的矛盾，班主任除了要采用合适的解决方式外，还要灵活选择解决的场合。

一般来说，当班主任了解到班干部之间的矛盾是因为班级里的同学误传或挑拨造成的时候，班主任就可以选择公开的场合（比如在班级里），广泛听取意见，找出矛盾的真正起因，批评犯错误的同学，化解班干部之间的矛盾，消除在班级里造成的不良影响；如果是因个人情感或是在处理班级事务的过程中产生的矛盾，班主任应选择不公开的场合，比如可以把发生的矛盾的班干部悄悄叫到一起，选择教室外面僻静的角落，让他们面对面沟通。僻静的场合、平和的氛围，有利于班干部之间开诚布公地说出各自的真实想法，消除隔阂，班主任应引导他们从班级管理的大局出发，化解个人矛盾。

班主任还可以创设一些特定的情境，让有矛盾的班干部在这一情境中协同完成某一项任务。这一任务只有在共同合作的情况下才能圆满地完成，离开了任何一方的合作与支持都不可能完成。一般来说，这些班干部尽管在私下里有矛盾，但他们都不愿对班主任布置的任务有所懈怠，都想尽力完成。因而，为了顺利地完成班主任的任务，他们在执行任务过程中必须通力合作，必须重视对方的努力与合作在自己完成任务中的重要作用。这样，完成任务的过程，实质也是对他们教育的过程。在这一过程中，他们彼此都会发现一个人的力量毕竟是有限的，是需要别人的支持和帮助的。在完成任务的过程中或完成任务后，班主任再就这一任务的完成对不团结的干部进行正面说服教育，这时常会收到很好的效果。

当然，所有这一切的教育、疏导，必须以班主任的敏锐观察为前提，班主任只有及时发现了班干部之间出现的矛盾，才能掌握化解矛盾的最佳时机，避免给班级工作造成更大的损失。

请看下面的一则教育案例。

☞ **案例现场**

有一天，我看到了班长小贺在交上来的日记本里写了自己的烦恼，使我感到有些意外，因为她平时的工作很认真，给人的感受也非常乐观开朗，没想到，她也有自己的烦心事。小贺在日记本上这样写道：老师，最近我很烦恼，烦恼的原因是小文在背地里对其他同学说我的坏话，我对她也产生了一种讨厌的情绪，我们原先的好朋友关系破裂了，现在，相互看见，谁也不理谁，为此，我感到非常烦恼。

小贺和小文是我一手培养起来的正副班长，是我的左膀右臂。她们出现了问题，互不搭理，必然会对班级的各项工作造成很大的影响，连班干部之间的关系都不和谐，怎么能管理好班里的其他同学呢？我反复思量，不能轻易地批评她们，对于心智都比较成熟的两名正副班长来说，要做好她们的思想工作，让她们重归于好。思量再三，我觉得还是要先找到问题的根源，才能彻底解决问题。

我分别找了小贺和小文进行单独沟通，了解了问题的根源所在：原来小文自认为自己的学习成绩和班级管理能力都在小贺之上，应该由她来当正班长。说实话，小文所说的也并非是吹牛，论学习和能力，她确实比小贺要好，但她只看到了自己的长处，没有看到自己的短处，拿自己的长处和小贺的短处相比，当然会产生那样不公正的看法。小贺虽然学习和能力不如小文，但她做事认真细致，乐于助人，这是作为班长不可或缺的条件。当然，让小贺当正班长也有我的考虑，小贺是一个缺乏自信的孩子，我是想让她不断磨炼自己，不断提高自己的自信心。了解了矛盾的根源之后，我让小贺和小文写一写对方的优点和缺点，我想通过这种方式，让她们重新考虑一下自己对对方的了解是否全面透彻。同时，我自己也写一写老师心里的她们。

下午，我把她们约在运动场旁的小花坛边，见面沟通。她们把自己所写的纸条交给了对方，我也把自己写的分别交给了她们俩。其实，我让她们在写对方的优点和缺点时，也是为了让她们反思自己对对方的优点和缺点是否全面了解。当她们看到彼此所写的优点和缺点时，她们明白了对方对自己的了解和评价还是比较全面公正的。从她们看纸条的神态能看出，她们不像原来那样剑拔弩张、矛盾重重了。

这时，我让她们当面说说对对方的不满，她们已经有些不好意思地说了。看到这种情形，我语重心长地对她们说："你们是我的左右手，虽然一个是正班长，一个是副班长，一个人缺少哪只手都是不完整的，同样，管理班级缺了你们俩中的任何一个，也是不完整的。"说完之后，我发现小贺和小文的眼神是那么柔和，她们在心理的沟通之后，已经消除了对彼此的误解，她们的左右手拉在了一起。

【案例分析】

案例中的正班长小贺在上交的日记本中写出自己与副班长小文发生的矛盾。这种矛盾是由于班干部的个人情感产生的，原因是小文自认为自己的学习成绩和班级管理能力都在小贺之上，应该由她来当正班长。

【案例对策】

班主任及时发现这一问题，经过仔细考虑，选择了合适的方式，即与她们进行单独沟通，并让她们写出对方的优点与缺点，反思自己对对方的评价是否全面公正，然后选择一个不公开的场合，在运动场旁的小花坛边进行面对面的沟通，最后使正副班长之间的矛盾得到了很好的解决。

此外，案例中出现的问题，也提示班主任在小学班干部体系建设中，应避免副职的设立，使同一职位上的班干部没有权力大小之别，只有分工不同。再比如，有的班主任设立"班主任助理"一职，就与"班长"的权责发生了很大的混淆与冲突，容易造成班干部之间的"比权"行为，所以在班干部体系的建立上，班主任就应该考虑，设立的班干部职位，应避免区分各职位权力的轻重，引导班干部专注于职责分工,而不是关注权力的大小,避免在体制建设上使小学生因心理的不平衡而发生矛盾冲突。

职场感悟:

第五章　班干部的在岗培养和成长

第一节　义正情切，表露信心
——提高班干部的语言表达技巧

教海拾贝：　*教师不替学生说学生自己能说的话，不替学生做学生自己能做的事，学生能讲明白的知识尽可能让学生讲。*

——魏书生

处于小学阶段的少年儿童并不是天生的"干部材料"，所有的"好干部"都是班主任心交心、手把手教出来的，都需要班主任大胆放手让他们在实践中得到磨炼和成长。班干部的素质和能力不仅关乎一个班级建设工作的走向，而且也关乎到他们人生事业的走向。研究表明，世界上大多数卓有成就的政治家和企事业单位领导人，在他们的学生时代都曾担任过班干部。从这个意义来说，他们的领导能力和管理才能是他们当年的班主任和老师们培养出来，他们当班干部的经历与收获影响了一生为之骄傲的成就。

⊙如何向班内同学传达工作要求，获取支持

班干部是班主任管理班级事务的助手，培养他们的讲话技巧，可以有效地团结同学，形成优良的班集体，完成各项任务。班干部的语言表达能力需要在实际工作中得到锻炼和培养。

班主任培养班干部的语言表达能力，不妨从以下几个方面去探索：

1. 要加强班干部自信心的培养，使其敢于在全班同学面前大胆说话

有些小学班干部头脑灵活、思维敏捷、解决问题的点子也很多，而且学习成

绩很好，人缘也不错，在同学中也享有一定的威信，但就是不敢大声说话，尤其是站在全班同学面前，面红耳赤，吞吞吐吐，严重地影响着班级工作迅速地开展。

分析班干部在同学面前不敢大胆说话的原因，缺乏自信心是一个重要方面。这种自信心的缺失受多方面因素的影响。小干部可能是对自己站在同学面前的情景感到害羞、尴尬，也可能是怕自己说错话、支支吾吾会引起同学们的嘲笑，也有些班干部平时说话的声音就不大，他们对在同学们面前说话的感觉与气场根本就把握不好。

因此，班主任要加强对班干部自信心的培养，就要在他们面对同学们开口说话之前，给他们"打气"，让他们鼓起勇气去说话。在小学的班级里，很少会有小干部在前面说话，下面的同学会不出声、安静地听的时候，所以班主任要把握最初的几次机会，给班干部撑场面，班主任可以作一个铺垫，稳定班级的纪律，调整同学们倾听的状态，给班干部讲话作一个引子，然后再自然地过渡给班干部，并要求同学们给班干部鼓掌欢迎。有了这样的场面铺垫，再加上班主任在旁边坐镇，同学们也有较好的收听状态，班干部自然就有了勇气和自信。另外，班主任平时要多给班干部提供大胆说话的机会，让他们在实践中得到锻炼，慢慢脱离对班主任的依赖。对于班干部在表达中存在的错误，班主任要有一颗包容的心，允许出错，可以事后再寻找合适的时机，予以纠正。绝不能当他们一出错，马上就大声批评，这样会大大挫伤班干部的自信心，也会降低班干部在班级里的威信。

2. 班主任可以与其他学科老师合作培养班干部的口头表达能力

在小学中，班主任一般由语文教师担任，很少是由数学或其他科教师担任的。如果班主任本身就是语文教师，完全可以将语文教学中"表达"训练的内容与方法迁移到对班干部培养的策略上。比如，语文老师可以在每次上课前要求学生叙述一个小故事，然后逐渐地由自由性叙述向限制性叙述过渡，如给定时间、地点、主要材料或线索等，要求学生加以叙述。久而久之，包括班干部在内的学生在组织材料、口头表达方面的能力都会得到加强和提高。

如果班主任不是语文教师，除了与语文教师合作培养外，还可以从自己所任学科的角度与特点出发，为班干部设计口头表达的训练内容。班主任如果是数学老师，就可以从解决应用题提取主要条件的角度，强化班干部在口头表达时运用有用信息说明问题的意识，避免一些不必要内容的冗余。班主任如果是外语教师，则应有意识引导班干部学习西方人在演讲时富有表现力的肢体语言，以提高自己在口头表达方面的感染力。总之，如果班主任将自己的学科与班干部培养相结合，进行相应的迁移与创造性地开发，就很有可能找到培养班干部口头表达能力的多种途径与方法。

3. 班主任要利用多种时机与场合，训练班干部的口头表达能力

比如，班主任可以要求班干部对班级工作计划进行详细的陈述，定期对班级工作进行总结、汇报，在每一次班级活动之后进行经验交流，以培养他们的口头表达能力。

班主任要利用多种公开场合训练班干部口头表达的勇气与应变技巧。比如，在班会上，让班干部面对大家发言，并倾听同学们的不同建议，灵活采纳；在课堂上，要求班干部走上讲台向大家发表自己的观点，并评价同学们的意见，形成互对；在学校的集会上，鼓励班干部在认真准备的条件下，代表班级发言，展示自身风采。

此外，班主任还应要求班干部自己去寻找各种各样的方法和途径进行训练。只有把这一要求转化为班干部的内在需求，才能发挥其积极性和能动性，加快其自身能力的提高。

4. 提醒班干部不要说一些缺乏责任心、影响公信力的话

有时，当班级工作出现缺口，而这项工作又不是某位班干部的本职所在时，班干部就会用"这事不归我管，你去找××""这事我管不了"来推脱。班干部说出这样的话，是明显缺乏责任心的表现。班级里的各位班干部虽然分工不同，但互相配合是必要的，而且在同学们看来，班干部是一个整体，分工不分家，如果班干部工作那么泾渭分明，就会被认为工作不积极，不敢负责任，或者被认为是班干部之间有矛盾、不团结，从而降低班委会的公信力，损害了各位班干部在今后工作中的号召力和威信力。

其实，"这事不归我管"的动机无非有两个：一是自己真不愿意多做一份工作，怕万一做不好还会惹麻烦；二是怕其他的班干部认为是抢自己的活干，多管闲事。因此，班主任要对症下药地劝导班干部：做班干部就是要为同学服务，就是要

当学生的公仆，要有点奉献精神。只要是对班级有好处的事情，就要积极去做。班主任还应鼓励班干部，使其相信，在出色完成工作后，那些说闲话的极少数人也会改变看法。这样，班干部就会争取更多同学的信任，留下责任心强、敢于负责、值得依赖的好印象。班干部切不可说"这事不归我管"之类的话，即便是面对自己当时干不了的事，或不属于自己本职的工作，也要注意采取合适的表达话语。

还有一些小干部，在面对同学们置之不理、不予配合时，拿出班主任这张王牌，用"谁不听话，我就去告诉老师"或"这是老师的意思"来压着班级同学执行自己所安排的任务。其实，有时未必是班主任所布置的任务。同学们一听这样的话，迫于班主任老师的威严，可能就不再坚持了，但心里一定不服气。这可能会使班干部的威信受到影响，也影响班级工作的顺利开展。这样的情况反复几次之后，同学们就会认为班干部只是老师的一个"传话筒"，而且是"单声道"。遇到这种情况，班主任要提醒班干部采取先退后进的策略，先听听同学们的实际困难和问题，退一步满足同学们的某些要求，然后再进一步带领同学们完成老师交给的任务。切不可以采用压制性的话语来强迫同学们干某些事情。

⊙如何向任课教师反馈班级信息，促进理解

班干部是任课教师了解班级信息的主要渠道，但这一渠道并不是"水到渠成"的。对班干部反馈班级信息的能力，班主任和任课教师都要有意识地去指导、培养。

比如，有的任课教师，在课后与班长等班干部进行单独沟通，让班干部汇报某些课堂纪律不好的同学近来的心理状况、同学关系表现等信息，并让班干部对这些同学进行一些提示。

班干部在向任课教师反馈信息时，要注意以下问题：

1.反馈时要将具体的事例与自己的分析相结合

反馈不应是一大堆事例的简单罗列，而应有对具体情况的分析说明。比如说，在班级最近一次考试中，很多同学的成绩出现了下降。班干部在向任课教师反馈信息时，应对出现这一状况背后的原因进行分析，说出自己的看法，或者是最近所学的知识点较难，同学们掌握的情况不理想，或者是本次考试的难度、题量

较大，同学们的临场发挥受到影响。有了班干部的分析说明，任课教师才能更透彻地掌握学生的学习状况，制订相应的教学对策。所以，班干部要注意从反馈信息中引申出自己的思想观点，并用自己的思想观点来说明和分析具体的事例，给任课教师提供参考。可见，没有事例的观点是空洞的，是缺乏说服力的；没有观点的事例是平淡的，是难有生动感的。

2. 反馈时要善于使用数据说明具体问题

在反馈中，应该力避使用模糊语言和模棱两可的语言，如"大概"、"可能"、"估计"、"好像"这样的话应该少用或不用。对一些定量或定性的工作，则一定要用确切的数据来说明问题。例如，在一次单元考试中，成绩达到优秀的有多少人，达到良好的有多少人，达到及格的有多少人，成绩进步的有多少人，这项人数占全班人数的百分比各是多少；在一次科学课上，分组做实验，有哪些同学没有认真地做，有几组同学完满地完成了实验。这些信息，任课教师完全可以放手让班干部去统计、反馈，用这样的数据来说明问题，使任课教师能掌握本班的精确情况，便于科学安排工作，也有利于提高班干部量化汇报的意识。

3. 反馈时要注意运用对比的方法

有参照物才好比较，有比较才好鉴别，有鉴别才好看出进退优劣。一件事情如果只是孤立地讲，让别人看不出有什么特别之处，而经过比较就能使其中的区别显而易见。比如，同学们提交了一次美术参赛作品，班干部、科代表在进行对比之后，就应向美术老师反馈作品的数量与质量，哪些作品是比较好的，有什么特点，哪些作品是不太好的，有哪些地方需要改进提高。这些信息的反馈，使美术教师在亲自审阅作品之前，就对本班的作品有了一个整体的把握，大大提高了教师筛选作品的效率。可见，做比较的说明方法，能够使班干部的反馈更有实际意义。

小学五年级的数学中已经有数据统计的知识，所以小学5-6年级的班干部在反馈信息时，要尽量使用数据对比的方法来说明问题。既要有本班前后的数据纵向对比，也要有与其他班的横向对比，用提高的百分比量来说明本班的进步幅度。这对班干部统计对比能力的提高也是一种锻炼。

4. 反馈时要坚持"两分法"、"两点论"

小学班干部虽然还不能理解"两分法"、"两点论"这些方法论的概念，但是

131

知道哪些是好现象，哪些是坏现象，哪些是优点，哪些是缺点。所以，班干部在反馈时，不能报喜不报忧，也不能报忧不报喜，要如实、全面地反映班级最近存在的问题。班内存在这样或那样的问题和缺陷，本属正常，如实汇报本班的缺陷和问题，可以得到任课教师的指导和帮助，从而获得解决问题、改正缺点错误的明确指示，问题和缺陷就会尽快转化为成绩和优点。

职场感悟: _____

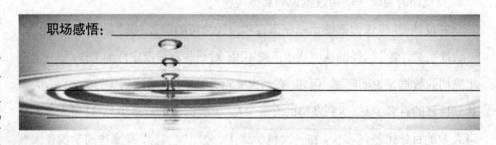

第二节　细心观察，及时汇报——指导班干部的工作汇报

教海拾贝： 观察对于儿童之必不可少，正如阳光、空气、水分对于植物之必不可少一样。在这里，观察是智慧的最重要的能源。

——[苏]苏霍姆林斯基

班干部主动向班主任汇报工作，是主动接受班主任的具体帮助和指导、为班主任的科学决策提供事实依据、不断推动改进工作的重要手段。但如果班主任不对班干部进行汇报工作方面的要求与指导，有些班干部并没有主动汇报的意识，所以班主任对新一届班干部必须及时要求他们汇报工作。

班主任可以建立常态化的班级工作汇报制度，指导班干部掌握工作汇报的技巧，把工作汇报变成再认识、再总结、再提高的过程，以推动班级建设的健康发展。比如，有的班主任，在班干部监督、管理班务工作之后，定期召开班务会，要求班委会的每位成员进行经验总结、查找不足、提出班级整改建议等，以便日后的班级工作能更有效、更顺利地进行。

但班干部在向班主任汇报工作时，往往出现两种偏向：一是报虚情，说假话，报喜不报忧，甚至是非颠倒，任意拔高夸大成绩，极力掩盖推脱责任；二是对工作心中无数，工作干了，成绩有了，但总结归纳不出来，汇报不出具体内容。这两种现象都直接影响班主任对班内同学情况的了解掌握，可能影响班主任的正确决策，也影响班主任对某些同学的正确评价，影响班级工作。因此，班主任要指导班干部熟练掌握工作汇报的基本模式，使之达到真实、准确、全面、及时的要求。

⊙汇报前的准备及注意事项

班干部在向班主任汇报工作之前，要注意做好充分的准备，汇报到点子上，

将班内情况如实反映给班主任，才能更好地得到班主任的指导和帮助，加快班级建设步伐。

具体来说，班主任要指导班干部在汇报之前做好以下几项准备：

1. 列提纲

汇报工作情况是为了使班主任及时、全面地了解班内某事、某人的情况，从而进行具体的批评、帮助和扶持，这是加快班级建设的重要条件。班干部主动向班主任汇报情况或接到班主任需要班干部汇报工作的要求后，最好列出汇报提纲。列提纲的目的是为了突出汇报重点，使汇报内容充实、精练、有层次。

比如，在最近两个星期内，班级里进行了语、数、外三科的单元测试，很多小组参加了校外综合实践活动，两周的周三学校都进行了班级卫生检查，此外，班内发生了两起同学之间的冲突事件，等等。这些事件，有些是班主任已经处理过的，有些是让班干部负责管理，班主任不了解具体情况的。所以，在列提纲时，班干部应首先考虑本次汇报哪些内容该讲，哪些内容不该讲，哪些问题需要详细讲，哪些问题可点到为止，哪些情况能直截了当地讲，哪些情况要委婉含蓄地讲等等。在列提纲时，确定汇报的中心内容，并围绕中心内容进行分层次的阐述，使汇报提纲主次分明，使汇报内容有血有肉，言之有物，没有废话。

2. 打腹稿

当接到学校一些没有提前打招呼的检查或班主任突然要求汇报某一方面的情况时，班干部没有过多的时间列提纲，就应采取打腹稿的准备办法。

比如，学校要找每个班的班长或其他班干部进行一个座谈，班干部需要向学校领导汇报本班在减轻学生课业负担方面所做的工作，便于学校从学生角度了解班主任和任课教师的工作实施情况；周一早上，班主任要求班长马上汇报昨天去社区参加志愿服务的情况，等等。面对这种情况，班干部在心里应快速地考虑一个简略、扼要的汇报计划。包括汇报的主题，围绕主题分哪几个方面，列举哪些重要事例，如何把握有关问题的分寸，整个汇报时间等。按照这样的计划汇报，就可以避免汇报时忽东忽西、语无伦次的现象，可以不慌不忙地把事情阐述清楚，表现出一种全局在胸、心中有数的精明和干练。

班干部在做好汇报前的准备工作后，还应注意以下事项：

1. 汇报的内容一定要属实。有的小干部把汇报工作当成了向班主任告状，甚至添枝加叶，公报私仇。对此，班主任一定要教育班干部：不管做哪种类型的汇报，都必须始终坚持实事求是，不夸大其词，才能切中要害，促进班级建设。

2. 用准确的语言说话

虽然每个班干部的语言风格、思维习惯并不一样，但面对同样一个情况，如果能正确使用语言，就能使汇报的内容表达得全面、准确、鲜明、生动，具有说服力、感染力。既能使班主任对本班的情况得以了解和理解，又能取得班主任的关注、重视、指导和帮助。如果在汇报中语言枯燥无味、言之无物，翻来覆去总是那么几句话，言不由衷，词不达意，不仅对班级发生的情况说不清道不明，还会令学校领导或班主任一头雾水，不明就里，浪费双方的时间。因此，班干部在汇报时，要学会准确使用语言，形成自己独特的语言表达风格，使班主任或学校领导对所汇报的内容产生身临其境之感。

3. 汇报要有层次

汇报不能随心所欲地想到哪里就说到哪里，随随便便地忽东忽西乱说一气，这样肯定不能把问题讲清楚。为了将班内情况阐述清楚，使班主任听得明白，汇报时要层次分明，一步一步地往下深入，一个问题一个问题地说完整。整个过程分出几个大的层次，每个大层次又可分成几个小层次，展开来讲。这样每个层次都是一个专门的问题，便于说清楚讲透彻。比如，班干部在汇报班级大扫除的情况时，首先要说明本次卫生清理的重点和要求，然后说明本次大扫除的参加人员有哪些，如何分工，各部分的完成情况怎样，最后说明学校检查的评比结果以及意见反馈。这样，班干部所汇报的各个层次、各个问题，既相互区别又有所联系，从不同的侧面阐述并突出了主题，从而勾画出了班级完整的工作全貌。

⊙班干部要向班主任汇报哪些情况

由于工作时间的局限，班主任对班级情况的了解有多种多样的需求。班干部如果汇报得"不到位"或"出界"，就不能使班主任充分地了解班级发生的新情况。这就要求班干部要确定恰当的汇报内容，既能将班级情况主次分明地反映上去，又能满足班主任的了解需要。因此，班干部要弄清楚不同情况的汇报内容和范围，有区别、有针对性地做好汇报工作。

1. 专门问题的汇报

这种汇报是班内出现特殊事件后，班干部主动向班主任汇报或接受班主任调查了解情况时的汇报。例如，班里出现的好人好事、贡献成绩以及受伤事件、人为的损害破坏等，都属于特殊事件的范围，都应当及时向班主任汇报，征求班主任具体明确的指导，才能将这些情况进行及时处理，以取得最佳效果。

对专门问题的汇报，有六个要素是必须明确交代清楚的：

(1) 事件的参与者。好事是谁干的，贡献成绩是谁做的，破坏事件是谁引起的等，班干部对事件的中心人物或主要责任人必须弄清楚。

(2) 事件发生的时间。从什么时间开始至什么时间终结，到汇报时事件是否已经结束，班干部对事件发生的时间节点要汇报清楚。

(3) 事件发生的地点。在什么地方干的什么事，完成了什么任务等，事件地点周围的环境、情景有什么特点，这些细节，班干部不能忽略。

(4) 事件的起因。整个事情的来龙去脉，前因后果，具体是怎么引起的，当事人的动作、语言等引起矛盾的一些细节，班干部要重点强调，准确汇报，以便让班主任清楚地了解事件的真正起因。

(5) 事件的经过。比如，同学们的打架事件是如何发展变化的，班干部、周围的同学采取了哪些对策方法等都应说明白，班主任才能更好地了解在事件发展过程中，事件参与者的不同表现，并提出相应的解决策略。

(6) 事件的结果。如果所汇报的事件已经结束，班干部就要把事情的结局、问题的后果、引起的影响等情况，全面地向班主任汇报。

把这六个方面说清楚了，班主任就能把握整个事件的全貌，便于帮助班干部做好这些事件、问题的后续处理工作。

2. 单项工作的汇报

这种汇报主要是就某项工作情况的汇报。例如，学习情况，宣传工作，体育活动，班级活动等大的单项工作。单项工作，还可根据实际情况作具体划分。单项工作汇报，主要是针对班主任下达的不同任务、不同要求的汇报，便于获得班主任在解决问题方法上的指导和提示。比如，汇报一次软墙宣传活动，宣传的主题，宣传委员以及其他班干部的分工，同学们的作品质量、参与情况，学校的评比结果和反馈意见，等等，这些情况都要向班主任全面汇报，以便班主任对班级宣传工作提出更好的改进建议。

3. 综合情况的汇报

这种汇报主要是对班级全面建设综合情况的汇报。一般由班长、副班长进行汇报。为了了解班里整体情况，从中探索班级工作规律，迎接学校对班级建设情况的检查、考核和调查研究，班主任要听取班干部对班级全面综合情况的汇报。比如，班主任可以要求班干部从最近一段时间的学习、纪律、卫生、劳动、活动、班级氛围等方面进行汇报，要求详细、全面、准确，能及时反映班级的工作概貌，能体现出班级建设的发展规律，使班主任掌握班级建设的第一手资料，为其开展工作提供可靠的事实依据。

⊙确定汇报工作的周期和人员分工

除了专门问题、单项工作要及时汇报外，对于班级综合情况的汇报，班主任可以与班干部约定定期汇报的周期和人员分工，可两天一汇报，即周二、周四汇报，周五班会总结，也可一周一汇报，最长的周期不宜超过两周，使班主任能对最近的工作进行及时的阶段性处理和总结。

在汇报工作的人员分工方面，班主任可以根据班干部的具体职责、语言表达能力等，加以确定。每次汇报，既有中心发言人，又有补充发言人，可以让语言表达、思维缜密的班干部多汇报一些，也要让语言表达能力较弱的班干部开口说话，得到锻炼。

比如，为了全面了解班级的各项工作情况，有的班主任就确定了这样的汇报形成机制。将班级各项工作分解成学习组、生活组、卫生组、体育组、纪律组、考勤组及艺术组等管理小组。班长全面负责，主要召集各小组委员，对每周情况以书面的形式向班主任汇报。各班委如学习委员负责召集各科课代表，把本周中同学们作业的完成，课堂的反应等方面以书面的形式向班长汇报。这样，班主任对班级一周的情况就有了一个较为全面的把握，工作才能有的放矢。

还有的班主任，在班级里实行了"班级发展每日督控"的措施。班主任赋予每个班委一定的奖罚权，及时表扬和奖励表现较好的同学，在值周期间如发现同学的缺点和错误，要通过扣分等措施进行制止，当日将奖罚情况向班主任汇报。此外，每个小组中都有一个值日班委，对分管的工作每天都要有细致的记录，在每周班会之前向班主任汇报本组的情况，以便使班主任在班会上进行总结，针对各小组存在的优缺点提出相应的改进建议。

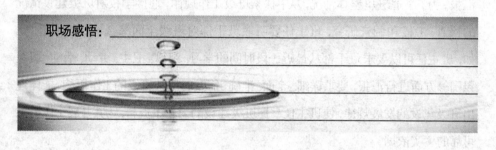

职场感悟：

第三节 活动育人——提高班干部的能力与威信

教海拾贝： 培育能力的事必须继续不断地去做，又必须随时改善学习方法，提高学习效率，才会成功。

——叶圣陶

班干部要想更好地为班级和同学们服务，就要在活动中不断提高自己的工作能力，提高自己的综合素质。班主任在培养班干部时，要坚持"活动育人"的教育理念，善于通过具体的活动和班级工作，使班干部的理解能力、表达能力和组织能力在各项活动中得到锻炼，班级工作才能不断向前迈进。

丰富多彩的班级活动为提高班干部的水平搭设了自由、宽广的平台，他们可以从参与、策划、组织各种活动的过程中让自己发展得更加全面，并增强解决实际问题的能力。

⊙提高班干部的学习能力

选拔班干部的标准，由于班级不同，班主任不同，所以灵活多样。但是在众多的条件中，有些班主任往往首先考虑的还是班干部的学习能力和成绩。因为学习是学生的基本任务，学习能力强、成绩好的同学，在一定程度上说明其自身具有端正的学习态度、积极的进取精神和较好的自我约束能力，学习的目标明确，思维能力较强。在同学们的心目中，学习成绩好、学习能力强的班干部，也容易得到更多的支持，工作起来使同学们更为信服。

同时，对于所有的班干部来说，一项共同的工作任务就是协助班主任及任课教师搞好学习指导，帮助各班同学的学习成绩保持稳定，寻求进步。为了更好地完成这项共同的任务，首先，班主任应夯实班干部自身的学习基础，加强对班干部学习目的的教育，使他们端正学习态度、掌握学习方法、严守学习纪律、培养学习习惯、树立勤奋好学的学习风气。再次，班主任还要加强培养班干部的自学能力和辅导差生的能力，使他们不仅是好学生，而且是好"老师"。

请看下面的一则案例。

☞ **案例现场**

我班的体育委员赵××同学，工作能力较强，能吃苦耐劳，但成绩不高，属中等水平。有时因为学习成绩的不稳定，他也会受到其他任课教师的批评，感到自己在同学们面前抬不起头来。

为此，我及时对他进行教育，提示他：学生在校的主要任务还是学习，学习不好，工作再卖力，也是难以让同学们信服的。班干部只有把学习搞好，说话才有力度。作为班干部，要比其他的学生付出更多的时间，既要搞好学习，又要做好工作，因此班干部的时间比一般学生更珍贵、紧迫。这就需要学会处理好学习与工作关系，懂得科学的学习方法，合理地使用时间。

他听了我的话之后，明确了提高学习成绩对自己开展班级工作的积极作用，决定拿出更多的课余时间来巩固自己的学习成绩。他积极参与班级的学习小组竞赛活动，上课积极发言，作业认真完成。他在小组学习竞赛"发言""作业"等方面的评比成绩都明显高于同组的其他同学。有时，他还主动向其他同学请教学习方法、学习心得。通过自己的认真努力，他的各科学习成绩都有了提高，得到了任课教师的表扬，他也更有自信心了。他为了学习进步所付出的努力，也得到了同学们的钦佩，在同学当中有了较高的威信。

【案例小结】

案例提示我们，作为班主任，必须让班干部深刻明白，学习成绩是班干部增强自信、树立威信的一个重要方面。对于学习差的班干部，学生不能把他（她）作为学习上的榜样，也会失去对这类班干部的信任。特别是有些学习成绩好的学生，会不服气地想："班干部的学习成绩都不如我，我为什么要听他的？"所以，学习成绩好是班干部树立自身形象、开展班级工作的一个有力的支撑，虽然并非不可或缺，但有了这个支撑，班干部更容易把班级工作做好。

⊙培养班干部的自主管理能力

关于学生的自治问题，民国教育家陶行知早在1919年10月就在当时的《新教育》杂志发表了《学生自治问题之研究》一文，提出"学生自治是学生结起团体来，大家学习自己管理自己的手段。"从学校这方面说，就是"为学生预备种种机会，使学生能够组织起来，养成他们自己管理自己的能力"。在《现代汉语词典》中，"自治"的解释是：民族、团体、地区等除了受所隶属的国家、政府或上级单位领导外，对自己的事务行使一定的权力。可见，"学生自治"偏重于学生团体的管理，权力意识较浓。

又有很多教育者提出或使用"学生自理""自我管理"的观点。而在《现代汉语词典》中，"自理"有两个意思：自己承担；自己料理。所以，笔者觉得"学生自理""自我管理"两个词条本身倾向于学生个体的管理。

所以本书将"学生自治""学生自理""自我管理"加以合并，统一称"自主管理"，既体现学生个人的自理，又体现学生团体的自治。

作为学生的优秀代表，班干部的工作是班级学生自主管理的集中体现，是推动全班学生达到自我教育的有效途径。学生干部自主管理能力的培养，已越来越引起班主任的重视。

班主任只有放手让班干部大胆地工作，发挥他们的主体作用，才能培养出一支精干的班干部队伍。班主任可以放手让班干部自主商讨和处理班级事务，培养他们自治、自理、自立的能力。但要注意把握由易到难的原则，先布置一些简单的工作，让他们独立完成。例如，在召开班委会时，首先是班主任手把手地教给组织的方法，然后就放手让班长去通知和组织，班主任只是作为列席代表参加会议而已。经过几次锻炼，班干部们就能自行主持会议了。以后，班级的大小事情处理都由班长牵头，其他班委具体负责实施。通过锻炼，很多班干部提高了组织管理能力和办事能力，在同学中威信越来越高。

不过，让班干部带领同学们自主管理，决不仅仅是为了减轻教师的工作量，而是把这作为学生自我教育的好形式。因此，我们在培养学生干部时，不要仅仅满足于让学生独立组织几次活动或主持几次会议，而应着眼于让学生干部通过实际工作，培养献身精神和进取精神，使学生自己发现自己的能力，从而认识自我，表现自我，让自己的个性得到充分发展，增强对生活的自信心。同时，使学生之间展开平等的道德、纪律教育，并锻炼他们的组织、管理、演说等能力。

小学生活泼好动，遵从纪律的意识并不强，有些班级工作如果没有班主任在场，没有班主任的权威在，仅凭班干部的安排布置，同学们往往不听。所以，学生自主管理，既应突出学生的主体地位，又应体现教师的主导作用。"主体"与"主导"有机结合的关键，在于班主任要善于把教师的权威转化为集体的意志，这也是在班级管理中引导学生自主管理的重要原则。

请看下面的一则案例。

☞ **案例现场**

和新生见面的第一堂课，我往往递进地提出三个问题让大家讨论：

第一个问题："大家是否希望咱们的班成为一个优秀的集体？"对此，学生的回答往往一致："当然希望啦！"

第二个问题："既然你们每一个人都有这种愿望，那么，为了实现这个愿望，每个人应不应该努力克服自身的缺点呢？"学生们经过思考、议论，认识也能统一："当然应该。"

第三个问题："要克服缺点，班级需不需要制订一些规章制度呢？"通过学生反复讨论甚至争论，至少绝大多数学生能够说："当然需要。"

在对这三个问题进行充分讨论的基础上再制订的纪律，就已不仅仅是教师强加的"条条框框"，而成为学生集体的内在要求。

另外，对于某些非要教师自己提出的纪律要求，班主任也应尽量设法通过学生的口提出来。和学生第一次见面，有时我还出一些小调查题让他们笔答："以后班里出现违纪现象时，你希望老师怎么办？""当你犯了错误时你希望老师怎么办？"……基于对学生心理的了解，更出于对学生的信任，大多数学生的答案没有让我失望："希望老师严格要求我们！"而且学生往往还提出许多具体的措施。这样，我以后大胆管理班级，就不是我与学生"过不去"，而是满足他们的愿望。

【案例小结】

案例中的班主任很注重引导学生集体的力量，将自己管理班级的权威与意识，巧妙地转化为学生的集体权威与意识，使班级纪律在学生心目中不是"班主任对我的要求"，而是"我自己对自己的约束"。而且，这位班主任把握引导的时机也很重要，选在与新生见面的第一堂课，这样实际上是让学生在进校之际，便在思想上处于自我管理的位置。

班干部带领同学们对班级实行自主管理，应规范为一种班级常规制度，以避免即兴性、随意性。本着这样的思路，班主任要尝试着与全班学生共同制订班级法规，以此作为一种制度对班级进行日常管理。班级法规要体现广泛性、可行性、互制性的原则，使师生共同维护和保证班规的权威，使班级管理便由随意走向了规范，由"人治"走向了"法治"。

请看下面的案例。

☞ **案例现场**

在《班级纪律管理条例》中，对我有如此规定："凡每月对学生发火超过一次，或下课拖堂两分钟以上，或错批评同学一次，均罚扫教室一天。"

三年中，我好几次"犯规"，开始学生不好意思罚我扫地，我便主动认罚，一人扫教室，我认为班主任"依法自惩"必将提高《条例》的权威性——这实际上也是班主任真正的权威之所在！这样，"纪律面前人人平等"的观念日益深入学生心灵。

有了这样的集体意志，我也就主动放弃了"个人权威"，但我甘愿受罚的"傻劲"却使我通过集体意志表现出的个人权威大大增强：凡学生违纪，我便照章惩罚，结果很少有人不从。

我放手让班干部自主管理后，班干部依照《条例》对学生进行惩罚时，效果也是一样，没有同学不服从的。因为学生把这看成是自己对自己的惩罚，班规是他们自己制订的，面对班规，人人都没有特权。

【案例分析】

案例中的班主任很高明。他与学生们共同制订了《班级纪律管理条例》，将自己也纳入了《条例》的管理范围之内。虽然付出前期甘愿受罚的"傻劲"，却换来了班级自主管理"纪律面前人人平等"的严正氛围，对班干部自主开展工作创造了良好条件。

【案例小结】

可见,在班干部自主管理的进程中,制订班级法规,并树立起班规的严肃性,是多么的重要。班主任要自觉"放弃"自己的"权威",自觉服从集体意志,这样,他所培养的班干部才能依"法"治班,真正走上自主管理的轨道,使班级管理更加科学化、民主化。

有了班主任前期对班级集体权威的树立过程,班干部有了主心骨,自主管理能力也得到了很大的提高。

再看下面的一则案例。

☞**案例现场**

要使学生干部担负起教育同学、维持纪律的重任。我从不要求小干部给我汇报某同学的坏表现,以免造成同学与学生干部的对立。我对小干部们说:"如果同学不守纪律,你们应设法帮助、制止他。动辄告状,是推卸责任的表现。"这样,学生干部不得不去思考工作方法。

有一天自习课,我来到教室,往日的喧闹竟被鸦雀无声所代替,进去一看,同学们静静地在自习,但有两个学生流着泪站在座位上。无疑,学生干部用罚站的方式镇住了课堂纪律,这在教师看来,是不足取的方法,但是对学生来说,这却是他们自己管教自己的一个大胆创举。我们可以设想,久而久之,不仅是学生干部,就是全班同学也将会意识到,良好的课堂纪律靠我们自己创造。

【案例小结】

案例中的学生干部用罚站的方式镇住了课堂纪律,虽有不妥之处,但是学生自治的手段如果得到了班级同学的认可与接受,有一定的实际效果,也就不必加以过多地批评与指责。对于班主任来说,有时将错就错,也是一种管理策略。

此外,班主任如果从一年级就开始带一个班,并有可能将这个班带到小学高年级,那么就可以将培养班干部自主管理能力的目标细化,采取分段训练的方法,先自理,再自治,最后自主管理。比如,在1-2年级抓学生自理能力的培养,自己的事情自己做,在家里帮父母做家务,班里的事争着做等;3-4年级抓自治能力的培养,班里的活动自己搞,班纪自己管,班风自己创,班报自己办等;5-6年级抓自主管理能力的培养,如何带好一个组,如何带好一个班,等等。

培养班干部的自主管理能力，对形成良好的班风也有着很重要的作用。能够做到自主管理的班干部应该有这样的思想品质：热爱集体、关心集体、有乐于助人、不怕吃苦、扎实工作、认真负责，等等。班干部在带领班级同学实现自主管理的同时，也是自身美好品质的展现过程，这对班级同学思想品质也是一个潜移默化的提高过程，有利于形成积极进取、团结友爱的良好班风。

⊙帮助班干部树立威信

马卡连柯说过："威信是要自己来创造的，要利用生活中的任何机会来树立威信。在好的集体中威信是不可能被破坏的。集体本身就是支持它的。"

班干部是班级工作的组织者，班干部在同学心目中是否有威信是能否顺利开展工作的重要因素之一。如果班干部的威信不高，不能将同学们组织起来，就会使班级工作受到挫折和损失。有些班干部在工作中常常会因为处理事情不当、严格要求等原因而招致同学们的指责和孤立，使班干部的威信全无。虽然说班干部的威信主要在于他们本身是否严格要求自己、以身作则等，但是，作为班主任还是要注意帮助班干部树立好自己的威信，可以从以下几个方面入手：

1. 要培养班干部的责任感

小学生的自我控制能力还是比较差的，总是喜欢干什么就干什么，很少考虑到自己的责任，即使是班干部也是一样的。所以班主任选出班干部后就得加强对他们的教育，使他们建立起责任感和使命感和强烈的集体荣誉感，要让他们懂得"既然你已经是班干部了，就要负起班干部的责任，如果连自己都管不了，更不用说管别人了"。班干部有了主动管理班级的责任感，才能从根本上重视自己在班级里的威信。

2. 要引导班干部起模范带头作用

班主任要加强思想教育，严格要求班干部起带头作用，使他们认识到干部的一言一行的重要性，做到以身作则，给其他同学做出榜样。比如，无论是班级还是学校组织的校内外活动，都应当带头参加，多为同学们提供便利的条件；对学校、班级制订的各项规章制度，要带头遵守，勇于承担自己出现的问题等。班主任还要激励班干部们敢于承担比较困难的工作任务。干部"敢"字当头，更能突出他们的才干和形象，更有利于他们威信的提高。

3. 要教育班干部善于团结同学

班干部能够广泛团结同学，做同学们可以信赖的朋友，这是在同学中形成威信的重要方法。能够与同学打成一片，更有利于使班干部的正确言行在同学中直接造成影响。班主任要时刻提醒班干部在与广大同学交往中做到"严于律己，宽以待人"，关心、帮助同学，并虚心听取同学们的意见。这样，就会得到同学的信任和支持，从而树立起自己的威信。

4. 要给班干部创造施展才华的机会

为促成班干部威信的提高，班主任还要随时注意为班干部创造"表现自己"的机会，让他们在日常管理中多"露面"，多创造成功的机会，从而逐渐树立起班干部的形象，树立威信，增强号召力，保证各项班务工作全面开展。比如，在课间操比赛中，可以让体育委员担任领操员，去争取"优秀领操员"称号；在校园合唱比赛中，可以让文娱委员担任合唱节目中的领唱，去争取"最佳领唱"的称号。这样不仅能调动班干部为班级赢得荣誉的积极性，也会使班干部得到同学们的肯定，从而带动更多同学为班级争光。

5. 要及时肯定、表扬班干部的工作

当班干部做出成绩的时候，要给予班干部荣誉，肯定他们对班集体做出的贡献，特别是赢得班级的集体荣誉时，要突出给予表扬。让同学们知道班干部是确确实实为班集体付出过、认认真真地完成自己的职责，这样班干部就能在同学们的心目中树立起良好的形象。同学们就会以班干部为荣，尊敬他们，听从他们的指挥，这样就为班集体管理的顺利开展奠基了良好的群众基础。

6. 要注意处理好班干部所犯的错误

当班干部犯错误的时候，班主任尽量不要在同学们面前指责他们，要给他们留足面子。可在班委会上指出问题并予以批评，或采取个别谈话的方式进行纠正，主要以鼓励和肯定为主，维护班干部在班级里的良好形象，使其带着自信，热情高昂地投入工作。虽然这看起来对其他同学不公平，但是为了树立班干部的威信，必要的时候还是要给予一定的优惠。

总而言之，班干部在班集体中的威信高低，直接影响到班集体的管理，因此，班主任要帮助班干部们树立起威信来。

请看下面的一则案例。

☞ **案例现场**

对于树立班干部的威信，我采用下列的办法：

从一开学就给全班同学灌输一种思想：老师不在，班委就是老师。班委是为全班服务的，是为同学们服务的。如果你犯错，班委按照我们的班规来处罚你，必须无条件服从，不得当面顶撞，报复班干部。如果班干部冤枉了你，也必须先服从，后向老师反映，由老师处理。这样，以班主任的权威树立起班干部的威信。

一开始，班干部自主处理班级事务还是碰到了不少的挫折。比如，有一次课间操，体育委员在整队的时候，提醒一名男同学不要说话，对齐前面的同学。结果，那名男同学不但不服从体育委员的命令，还动手打了体育委员一下。虽然那名男同学出手不是很重，但我还是抓住了这个小事件，把它扩大化，非常严肃地处理了那名学生，让他在全班同学面前进行自我检讨，向体育委员道歉。其他同学从中看到了班主任维护班级纪律的严正态度，无形中大大提高了班干部的威信。

对于每一次班级活动，我提出大体意见后，都会放手让班委会成员去具体策划。全体班干部一起讨论活动的每一项环节，并做好分工，然后组织开展活动。这样，发挥班干部的主观能动作用，使他们对班级中的现象敢管、敢提、能管，并以自身的良好形象去影响和带动周围同学，树立起自己的威信。

【案例小结】

案例中的班主任帮助班干部树立威信的方法可以归纳为：利用自己的权威帮助班干部树立起自己的威信；通过严肃处理违纪同学，维护班干部的威信；为班干部创造施展自己才能的机会，巩固班干部的威信。这些方法在实际工作中也取得了不错的效果。

可见，只要班主任指导有法，再通过班干部本人的良好表现，提高班干部威信的问题是不难解决的。

另外，有些班级里还会有这样的学生：他们喜欢用武力解决问题，不遵守纪律，不服从管教，给班级管理工作带来很大的困难，学生们都怕他们，班干部也拿他们奈何不得。有些班主任会图省事，选择一种"以暴制暴"的方式，任命这样"小霸王"式的学生担任班干部。这种做法有时确实会起到立竿见影的效果，学生们都会对他们比较顺从，老师也会感到工作既省心又省力。但背后却隐藏着极大的隐患，不仅不利于形成和谐、民主的班风，还会助长"小霸王"的恶习，不利于其自身的成长。经过一段时期后，班级中的问题就会越来越突出地表现出来，那时班主任再来管理就会更加费时费力。

因此，班主任在选班干部时，还是要优先考虑那些品学兼优、责任心强的学生，帮助他们树立起自己的威信。同时，班主任还要协助班干部转化班级中的"小霸王"，使其改掉恶习，为班干部更好地履行职责铺平道路。

⊙锻炼班干部自己解决问题的能力

要培养班干部独立的工作能力，班主任就应该充分信任班干部，既放权，又放心，大胆地让班干部去管理自己、管理班级，使他们充分意识到班级的事就是自己的事，自己是班级的主人。但是小学班干部毕竟还是孩子，工作中难免出现差错。因此，班主任要有计划地培养他们，让他们在工作中锻炼，提高自己解决班级问题的能力。

请看下面的一则案例。

☞案例现场

课间休息时，班长向班主任报告了这样一件事情：班上的一名男同学屡次破坏纪律，班长把他的名字记到了黑板上。那名同学很生气，跟班长吵了起来，不服班长的管理。班长对班主任说，这种同学很不讲理，老师您管管他吧。

班主任经过调查，了解到那名男同学存在班长所说的破坏纪律的现象，但是班长的处理方式也有不妥的地方，无形中伤害了那名同学的自尊心，结果引起了两人之间的争吵。班主任想，这次是班长自身的做法有些不成熟，如果班干部与学生之间一出现矛盾，教师就出面解决，不仅有偏袒班干部之嫌，而且不利于班干部和同学之间的团结，更不利于班干部以后开展工作。

于是，班主任把这个问题又还给了班长，一方面向班长明确表示，这是班长自身造成的问题，理应由自己解决；另一方面又给班长鼓励，并指导班长与那名同学进行一次推心置腹的谈心，自我批评，取得谅解与支持。班长按照班主任的指点去做，不久便化解了与那名同学之间的矛盾。

事后，班主任又找班长谈话，让他谈谈自己从这件事中得到的启发。班长认真思考之后，明白了自己以后要在工作中多去思考一些解决方法，妥善地处理问题，而不是出了一点儿事，就找班主任解决。

【案例分析】

案例的班主任在得到班长的报告之后，不急于亲自去解决问题，而是把问题还给了班长，使班长重新思考工作中的失误，寻找解决问题的妥善方式。结果，通过班长的自身努力，事情得到了完满的解决。

【案例小结】

上面的案例给我们的启示是：在以学生为主体的管理模式中，班干部遇到问题，教师宜引导而不宜越权解决。多引导班干部自己思考解决问题的方法，多给班干部一些解决的时间。班干部自己思考解决方法的过程，也是调整心态的过程。大多数班干部端正了要从大局出发、宽容大度的心态之后，就不难找到解决问题的方法，从而也提高了自己解决问题的能力。

班主任既然要培养学生的主体性，就要大胆放手，锻炼班干部解决问题的能力。教师的精力和时间都是有限的，不可能大大小小的事情都经班主任一手处理。更主要的是，如果教师介入班干部的管理过程中，不仅会妨碍他们能力的锻炼，还会造成班干部与学生之间的矛盾进一步升级。因此，为了培养班干部的独立自主性和能力，班主任不应一手包揽，而应进行一些方法技巧上的指导，给予班干部鼓励，尝试着让班干部自己去解决。不管处理得成功与否，对他们来说都是一次锻炼的机会，而所获得的经验或教训，定能引起他们的反思，从而达到自我教育的目的。

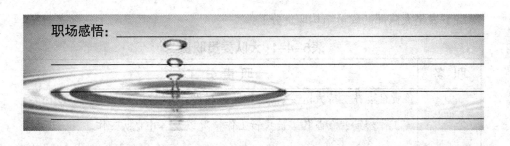

职场感悟：

第四节　从班级中走出更多的大队委员

教海拾贝： *人像树木一样，要使他们尽量长上去，不能勉强都长得一样高，应当是：立脚点上求平等，于出头处谋自由。*

——陶行知

　　班主任对班干部的培养，不能仅仅局限在本班范围内，而应着眼全校的范围，让本班的班干部与同年级、跨年级的班干部进行交流学习，而这个各年级班干部进行交流学习的一个重要平台，就是大队部。为了将班干部作为管理者的素质与能力提升到一个新的高度，班主任应鼓励本班的班干部扩宽视野，开阔心胸，不满足于管理好本班事务，而应积极参与到大队部的管理事务之中，进而在学校管理的层面上发挥自己作为学校主人翁的能力。

⊙了解大队部的组织结构与职责分工

　　一般来说，小学1-3年级的班干部或学生普遍对大队部都缺少具体的了解，只是通过一些学校的活动，知道有少先队大队辅导员，对大队部的详细工作情况则缺乏接触。班主任对1-3年级的班干部，可以先不必介绍大队部的工作情况，而是引导班干部了解少先队章程，加强班干部的理论水平。

　　进入四年级之后，班主任就有必要向班干部介绍大队部的工作模式与成员结构，使本班的班干部对大队部的了解进一步深入。

　　下表是大队部的成员结构职责分工：

表5-4-1：大队委员职责

职　务	职责分工
大队长	负责召集并主持大队委员会、中队长联席会；研究、讨论、布置工作；交流工作经验；检查各委员执行工作情况以及各中小队工作。

职 务	职 责 分 工
副大队长	协助、配合大队长进行工作;负责整理、保管大队委员会的资料和文件;负责大队日常工作及志愿者活动。
旗 手	负责执旗、出旗和退旗;组织升旗仪式训练;大型活动的执旗手。
组织委员	在全体队员中普及少先队基本知识,组织学校大队部活动;负责大队部资料的整理、记录以及做好"队的工作日志"。
学习委员	负责检查各班图书角的情况,管理大队部的图书、报刊,并负责向大队、中队推荐好书和报刊;负责组织大队各种科技和知识竞赛活动。
宣传委员	组织、管理广播站、记者站、电视台活动及中队文化建设;负责大队部队室、展板的布置工作。
生活委员	负责组织大队的社会公益活动;负责管理大队部的卫生工作以及各中队卫生的检查评比。
文娱委员	组织大队部的文化娱乐活动;协助学校组织好节日庆祝和文艺汇演;升旗仪式等大型活动指挥任务;负责少先队员礼仪训练。
体育委员	组织大队部的体育游戏和体育活动,发动全体队员积极参加体育锻炼;协助学校开好各种形式的体育竞赛活动;升旗仪式等大型活动整队任务。

有些学校的大队部还会下设多个"红领巾志愿者社团组织",比如"红飘带"礼仪分会、"手拉手"互助分会、"蓝水滴"环保分会、"储蓄罐"节约分会。

请看下列各表:

表5-4-2:"红飘带"礼仪分会

文明满校园 微笑暖心间

活动内容及形式:

1.成立"礼仪小分队",主动到低年级各班宣传校园礼仪知识,帮助低年级小同学形成文明有礼的好习惯。

2.设立"礼仪示范岗",在校园里营造礼仪氛围,用他们标准、规范、文明的行为举止对同学们进行隐性的示范教育。

3.成立"礼仪示范队",为学校大型活动做好准备、接待、组织、协调服务工作。

表5-4-3："手拉手"互助分会

手拉手　爱就在你身边

1. 以"手拉手，爱就在你身边"为主题，组织互助小分队，深入班级及利用校园广播开展"手拉手"互助宣传活动。

2. 与贫困乡、村小学联系，建立"手拉手"互助小队。

3. 组织班级、协同小队开展各项"手拉手"互助活动。以身作则，在校园中形成"互帮互助，关爱他人"的良好风气。

表5-4-5："储蓄罐"节约分会

阳光校园　绿色未来

活动内容及形式：

1. 组织环保小分队，到各班进行环保知识宣传，增强全校同学的环保意识。

2. 带动校环保特色小队，在校园开展"阳光校园@绿色未来"活动。

3. "蓝水滴"环保分会成员，随时深入到班级检查班级卫生及环境，并及时进行通报、评比。

4. 组织"蓝水滴"环保分会成员到社区进行环保知识宣传工作，并参与环保活动。

表5-4-4："蓝水滴"环保分会

浪费过去时　节约现在时　美好将来时

活动内容及形式：

1. 成立"监督检查小分队"，在各楼层随时监督、纠正班级同学的浪费现象，并自觉关闭水、电。

2. 号召同学们午餐不剩饭，光线亮的时候不开灯，用水时要水流小。

3. 合理利用作业本，不浪费纸张。

4. 为低年级小同学制作节约箱，指导低年级小同学如何回收废品。

5. 成立"小小储蓄所"，定期到学校各部门回收废纸，定期组织低年级小同学变卖废品，将积攒下来的钱作为"星星志愿者协会"捐资助学基金。

6. "小小储蓄所"里的经费将会合理资助给需要帮助的小伙伴们。

7. 制作节约宣传画报，在校园里营造节约氛围。

班主任必备丛书

小学班主任如何管理班干部

⊙了解大队部的工作模式

召开队干部会议是大队部常用的工作模式,是少先队的"小家务"之一。大队部和中队定期召开队干部会议,有利于沟通信息,集思广益,同心协力,做好工作。

队干部会议分综合性和专门性两种。综合性的会议一般由大队长(中队长)召集各中队长(委员)开会,讨论带有全局性的工作;专门性的会议,就由各大队职能部负责人召集相关人员开会,例如墙报工作会议,就由大队学习委员受大队部的委托主持会议,召集各中队的墙报委员研究如何办好墙报。

少先队的工作是少先队员自己的事。因此,作为队长,就不能每次开队干部会议都依赖辅导员,而应该主动工作。

要开好队干部会议,一般应该做好以下三件事:

1. 做好会前准备

会前准备包括议题准备、材料准备和组织准备。议题准备就是这次会议的内容是什么,准备讨论和解决什么问题,议程如何安排等。材料准备就是需要在会上发的材料,如经验交流、工作要点、统计表格等,材料应该在会前打印好。组织准备,就是要确定会议的地点、出席对象,并通知到每一个应该出席会议的人。

2. 精心主持会议

确定了议题和议程,主持者就要紧扣议题,切实按议程掌握好会议。一般的队干部会议可以分四步进行:

(1) 各中队(委员)信息交流。交流时要突出各自的特色,语言简明扼要。

(2) 讨论热点问题。即把大家共同关注或急需解决的问题提出来进行讨论,直至达成较一致的认识。

(3) 部署下一步工作。大队部(中队长)要在听取各中队(委员)的基础上,果断地提出自己的方案。

(4) 请辅导员讲话。这样能使队干部们对刚做的要求领会得较为透彻,把工作考虑得更为全面细致。

3. 会后抓好落实

队干部会议开完了,不等于队长的任务完成了。重要的是要在会后把会议的精神贯彻下去,落到实处。为此,队长要根据会上布置的要求,及时了解各中队(委员)贯彻落实的情况,发现好的事例和经验要向辅导员汇报,加以发扬;发现突出的问题也要及时向辅导员反映,并召开大队(中队)委员会议进行研究解决。这样,队干部会议才取得实效。

⊙指导班干部积极参加大队委员的竞选

在每个学年的下半年,大队部会面向四、五年级的优秀班干部进行大队部换届选举。班主任要指导班干部关注大队部换届选举的通知及相关要求,积极去参加竞选。

请看下面的一则大队部换届选举通知:

关于"少先队××小学大队委员会及部分学生干部改选"的通知

各中队辅导员老师:

为了不断提高大队委员及校级小干部的综合素质,让更多的优秀学生参与到少先队及学校小干部岗位体验活动中来,大队部计划在本学期六月中旬进行校级学生干部的改选活动。希望通过本次公平、公正、公开的选举,能使大队部重新注入新鲜的血液,为今后更好地创设各项少先队及学校活动打下良好基础。

一、竞选职务及名额

职务名称	名额	职务名称	名额	职务名称	名　额
大 队 长	1名	劳动委员	6名	信鸽报刊员	4、5年级各3人
副大队长	5名	宣传委员	6名	校礼仪队员	
组织委员	6名	体育委员	6名	4年级每班2人(老队员优先)	
学习委员	6名	旗 手	6名	校园小卫士	
文艺委员	6名	注:以上大队委员竞聘仅面向4-5年级同学,推荐名额每班3人。		3-5年级每班3人(老队员优先)	

二、竞选要求

1. 学习成绩优秀,品德高尚,以身作则,严于律己;

2. 团结同学,并有为同学奉献和服务的愿望;

3. 具有一定组织管理能力,有较强的上进心;

4. 工作热情、积极、富有创新精神;

5. 具有较强的安排学习和工作时间的能力,学习、能力双优先;

6. 候选人要得到家长的全力支持。

三、竞选方法

1. 根据竞选要求,各中队公开推荐候选人,填写推荐表;

2. 撰写申报材料;

3. 候选人经大队部初审,入围者参加电视公开竞聘(2分钟);

4. 全校师生公开投票选举产生新一届大队委员。

四、竞选步骤

1. 第一轮竞选(中队竞选、推荐)

4~5年级各中队利用班会时间组织召开竞聘、推荐会;根据候选名额向大队推荐候选人,并组织候选人认真填写推荐表。候选人撰写申报材料。

注:申报材料及推荐表请于6月20日放学前由候选人本人送交大队辅导员办公室。

2. 第二轮竞选(大队初审、电视竞聘、公开投票)

大队部参考候选人材料,组织初审,入围者通过电视直播形式进行校级公开竞聘(就职演说、才艺展示各1分钟),届时将组织全校师生投票产生新一届大队委员及校级岗位小干部。

3. 第三轮竞选(公示三天)

新一届大队委员产生后,大队部会将其名单进行公示,并接受全校师生监督。

×××小学大队委员会

××年××月

从上面的通知中,班干部能详细地了解本届大队部竞选所设的职务和名额,以及竞选要求、方法、步骤等内容,以便自己提前做好充分的竞选准备。

班主任要按照通知要求,利用班会时间确定本班的候选名单,并指导参选的班干部认真填写竞选的申报表,除了写明姓名、班级、性别、年龄等基本情况外,还有写出自己在校内、校外参加的重要活动以及获得的奖励或荣誉称号。班主任还要对参加竞选的班干部进行相应的指导与培训，帮助班干部对演讲稿进行修改、润色，并进行模拟演讲，使班干部能有更好的气质形象、心理准备去参加面试、演讲。

此外，参选班干部的才艺展示，有助于大队辅导员更全面地了解参选班干部的才艺和特长，为大队辅导员合理安排职位提供一个重要的参考。因此，班主任要帮助班干部精心策划才艺展示的内容与形式，发挥特长，展现风采。

职场感悟：

第五节　更红更专——团干部的培养和成长

教海拾贝： *如何在孩子这个未来的公民头脑里培养起一个公民、一个劳动者、一个共产主义建设者的牢固思想核心，这是我们在教育工作过程中进行自我检查的最重要的准则和主要尺度。*

——[苏]苏霍姆林斯基

新时期，小学生的心理、生理、思想等方面呈现出了新的特点，新形势和新任务对小学共青团的工作提出了新的要求。因此，对新时期小学共青团工作进行及时的指导显得非常重要。

在小学六年级时，学校将从大队部、各班班委会中选拔优秀的干部，加入中国共产主义青年团（简称共青团）。因此，小学5-6年的班主任可以根据学校和本班的具体情况，组织班干部学习共青团的相关知识，了解加入共青团的重要意义。

⊙在班干部中宣传共青团知识的必要性

班主任要在班干部中加强共青团知识的宣传教育。通过对政治理论的初步学习，培养班干部的共产主义道德；学习共青团知识，增强对共青团工作的事业心和责任感。

请看下列各表：

表5-5-1: 共青团的性质

共青团的性质是共青团的内在规定性,它揭示了共青团组织的本质特征。团章把共青团组织的性质表述为"中国共产主义青年团是中国共产党领导的先进青年的群众组织,是广大青年在实践中学习共产主义的学校,是中国共产党的助手和后备军"。

共青团的性质,我们可以把它理解为以下三个方面:

(1)党领导下的先进青年的群众组织;

(2)在实践中学习共产主义的学校;

(3)党的助手和后备军。

表5-5-2: 共青团的职能

共青团的职能,指的是共青团组织应有的社会作用或具备的社会功能。它决定于团的性质,是团的性质在社会实践中的体现,是团的任务及其他具体活动的理论依据。团的职能大体可归纳为三个方面:

(1)团结、教育和引导青年的职能;

(2)组织青年参与社会主义民主政治建设的职能;

(3)代表和维护青年具体利益的职能。

以上三个方面的职能,是最基本的,主要的职能。它们互相联系,互为一体,贯穿于整个共青团社会活动的实践中。

表5-5-3: 共青团的任务

共青团的任务,是指共青团的奋斗目标和为达到目标而承担的责任。

(1)团的奋斗目标

团章的总则部分规定:"中国共产主义青年团坚决拥护中国共产党的领导,坚持以马克思列宁主义、毛泽东思想行动指南,坚持社会主义道路,维护人民民主专政,团结全国各族青年,为逐步实现工业、农业、国防和科学技术现代化,把我国建设成为高度文明、高度民主的社会主义国家,为最终实现共产主义的社会而奋斗。"

(2)团的基本任务

团的基本任务,就是指在实现党的总任务的前提下,共青团所承担的任务。它的内容是:"以共产主义精神教育青年,帮助青年用马克思列宁主义、毛泽东思想和现代科学文化知识武装自己,引导青年在社会主义现代化建设的实践中,锻炼成为有理想、有道德、有文化、守纪律的共产主义事业的接班人。"

表5-5-4: 共青团的社会职责

　　共青团作为先进青年的群众组织,它具有三种主要的社会职责:

　　(1)团结、教育和引导青年在建设有中国特色的社会主义实践中建功成才;

　　(2)组织青年参与社会主义民主政治建设;

　　(3)代表和维护青年的具体利益。

　　共青团的社会职责决定了团的基层组织的社会职责。团的基层组织是共青团工作和活动的基本单位,它处于生产、工作第一线,同广大团员青年有着最直接最广泛的联系。它能够使团员的活动更好地同生产、工作和学习结合起来,围绕党的中心工作,在基层党组织的领导下,更好地发挥团结、教育和引导青年在建设有中国特色的社会主义实践中建功成才;在维护人民的总体利益的同时,代表和维护青年的根本利益;在宣传和执行党和上级团组织的指示和带领青年坚持走社会主义道路,同一切危害国家和集体利益的不良倾向,以及国内外敌人的破坏活动进行坚决斗争的社会职责。总之,团的基层组织要团结、带领团员、青年努力完成党交给的任务,充分发挥在青年中的核心作用。

表5-5-5: 共青团基层组织的基本任务

　　团章规定,团的基层组织的任务是:

　　(1)组织团员和青年学习马克思主义、毛泽东思想,学习党的路线、方针政策,学习科学、文化和业务。

　　(2)宣传、执行党和团组织的指示和决议,参与民主管理和民主监督,充分发挥团员的模范作用,团结、带领青年努力完成党交给的任务。

　　(3)教育团员和青年向老一辈无产阶级革命家学习,继承党的优良传统,发扬共产主义精神,树立新的风尚。

　　(4)教育和带领青年坚持走社会主义道路,同一切危害国家和集体利益的不良倾向,以及国内外敌人的破坏活动进行坚决的斗争。

　　(5)了解和反映团员、青年的思想、要求,维护他们的权益,关心他们的学习、工作、生活和休息,开展文化、娱乐、体育活动。

　　(6)接收团员,收缴团费,办理超龄团员的离团手续,表彰先进,执行团的纪律,推荐优秀团员作为党的发展对象。

　　(7)对团员进行教育和管理,健全团的组织生活,开展批评和自我批评,监督团员切实履行义务,保障团员的权利不受侵犯。

表5-5-6：共青团的民主集中制原则

共青团是按照民主集中制组织起来的统一整体。团的民主集中制的基本原则的主要内容是：

(1)团员个人服从组织，少数服从多数，下级组织服从上级组织。

(2)团的全国领导机关是团的全国代表大会和它产生的中央委员会。地方各级团的领导机关，是同级团的代表大会和它产生的团委员会。

(3)团的各级领导机关，除它们派出的代表机关外，都由选举产生。

(4)团的各级委员会定期向代表大会或团员大会报告工作。

(5)团的各级领导机关应当经常听取并认真处理下级组织和团员的意见；团的下级组织必须向上级组织如实地反映情况，及时请示，报告工作。

(6)团的各级委员会实行集体领导和个人分工负责相结合的制度。民主集中制的组织原则，反映了团的领导者与被领导者的关系，团的上级组织与下级组织的关系，团员与团组织的关系，是进行团内正常生活的准则。

以上各表中的共青团知识，班主任可以组织班干部分期在班委会内进行学习，并展开讨论，交流学习心得。班主任要负责回答班干部在学习中遇到的一些不理解的问题，纠正不正确或片面的认识，使班干部对共青团知识有更准确的把握。

此外，明白团干部应具备的能力结构，对班干部的能力提高也是一种重要的学习。

请看下表：

表5-5-7: 团干部应具备的能力结构

团干部的能力构成主要包括:

(1)观察能力。团干部应有审时度势的能力,具有敏锐的目光,能够从事物的表象中,发现事物的本质,观察事物不仅细,而且要做到全面,形成多维立体的观察视野。

(2)分析能力。分析是指出问题和解决问题的基础,不会正确地分析、判断事物,就无法鉴别信息,也不可能正确处理信息,也谈不上有效地工作。所以,团干部应该掌握科学的辩证逻辑思维方法,提高分析和解决问题的能力。

(3)调研能力。调查研究是团干部的一项基本功,通过调研可以获得大量的信息和可靠的、具有实用价值的资料,有助于计划工作,预测未来,发现典型,指导基层,减少工作的主观性、片面性和盲目性。

(4)创新能力。对新事物敏感,富有开拓性思维,善于发现新事物,勤于思考,善于观察,勇于提出新见解、新方案,善于从本部门、本单位的实际出发,开创工作新局面。

(5)表达能力。共青团的主要任务是进行思想教育工作,善于宣传和鼓动是团干部应具备的能力。团干部应该努力提高自己演讲和写作技能,使演讲和文章具有哲理性、趣味性和强烈的说服力、吸引力、感染力。

(6)社交能力。团的工作战线长、配合多,团干部应具有社交能力,善于同各方面的人打交道,善于争取广泛的支持和帮助,以扩大影响,打开工作局面。

(7)决策能力。决策是综合能力的表现,是一个领导者的主要职责,团干部应多智善断,善于围绕党的中心工作,不失时机地开展适合青年特点的独立活动。

⊙立足班级和学校工作,初露团员风采

如何在班级和学校工作中,做到一个共青团员应该做到的事情呢?首先,班主任要引导班干部进一步了解共青团的活动内容与形式。请看下面的资料:

共青团的活动

1.团的活动的主要内容

团的活动范围涉及各个领域,其内容也非常丰富,其中主要内容是:为提高青年思想觉悟,培养共产主义道德品质的教育活动;围绕党的中心任务,带领青年发挥生力军和突击队作用的生产活动;开阔青年视野,增长知识才干的学习,成才活动;加强团的自身建设,提高团的战斗力的组织活动;作用社会、服务社会的公益活动;关心青年全面成长,满足青年特殊要求的文化娱乐和体育活动。

2.团的活动的主要作用

团的活动是共青团生命力的重要体现。对于调动青年参加社会主义现代化建设的积极性,增强团组织的战斗力,成为党的得力助手;丰富青年的生活,引导青年健康成长等都起着十分重要的作用。

(1)团的活动是引导青年在实践中学习共产主义的重要课堂。

(2)团的活动是调动青年社会主义积极性的有效手段。

(3)团的活动是促进青年全面、健康成长的重要途径。

3.团的活动设计的基本内容

一般来说,团的活动设计主要包括以下基本内容:

(1)活动主题的设计。活动主题的设计,是指对活动主题思想的总体设计。要求主题集中、鲜明、切实、新颖、富有吸引力。

(2)活动内容的设计。活动内容是活动的实质部分,是活动主题的具体体现。设计活动内容,要求突出主题,充实、明确、有特色,具有时代感。

(3)活动形式的设计。活动形式是活动主题、内容的载体,没有一定的活动形式,活动主题、内容就不能转化为现实。因此,活动形式的设计也是整个活动设计的重要组成部分。设计活动形式,要求服从主题和内容需要,适合青年的特点。

(4)活动口号的设计。活动口号是活动主题最鲜明、直接的表达。设计活动口号,要求鲜明、简洁、通俗、易懂、易记、具有鼓动性和号召力。

4.团活动主题的确立

设计活动的主题,最重要的是确立主题。确立主题,要注意以下几点:(1)要围绕党的中心工作,充分注意形势的发展及国情、党情、民情;(2)要从本地区、本单位的实际出发,坚持实事求是;(3)要了解青年的需求,摸准青年的思想脉搏;(4)要对团组织自身的现状心中有数,量力而行,从而找准活动的最佳"结合点",找准青年的"兴奋点",发挥自己的优势和特长,正确地确立活动的主题。

5.团的文化活动

团的文化活动丰富多彩、千姿百态。如果按类型来分,大致可分为四类:

(1)文化科技类。这类活动主要是学习文化科技知识,培养工作技能,提高文化素质和能力。主要形式有:以提高青年文化知识水平为目的的文化教育活动;以提高青年技能为目标的技术攻关、岗位练兵活动;以开阔青年视野,丰富文化生活为目的的知识竞赛、读书演讲等活动。

(2)文艺娱乐类。这类活动主要活跃青年的生活,陶冶青年的情操,主要形式有:群众性的文艺演出、联欢活动,包括舞会、游艺等活动。

(3)审美教育类。这类活动的目的是培养青年的审美感、审美观点和审美能力;培养青年表达美、创造美的才能;培养青年高尚的情操和文明行为。主要形式有:美学讲座;组织旅游;组织影视、音乐、美术、文学欣赏和评论;举办书法、绘画、摄影、集邮展览;组织时装表演等。

(4)体育运动类。这类活动主要是强身健体。主要形式有:开展群众性的健身锻炼,如长跑、游泳、爬山、武术、气功、广播体操,组建业余体育队,如乒乓球队、篮球队、排球队、足球队、武术队;举办体育比赛、表演,举行体育运动会等。

参照上面所列出的活动要求与活动内容,班主任可以指导班干部在校园内外尝试去做,在实际工作中使自己的工作内容与方式与团的要求不断靠近。

职场感悟:

第六节　准确把握班干部心中的航向

教海拾贝：　教育者应当深刻了解正在成长的人的心灵。只有在自己整个教育生涯中不断地研究学生的心理，加深自己的心理学知识，才能够成为教育工作的真正的能手。

——[苏]苏霍姆林斯基

班干部在实际工作中，往往会出现很多工作表现以及心理方面的问题，班主任要根据实际情况，有针对性加以解决，帮助班干部调整心态，改进工作方法，取得更好的工作成绩，使其从班级工作中收获成就感。

⊙班干部工作不突出怎么办

由于多方面的原因，在班干部队伍中，有的人干得很出色，有的人却做得并不突出。那么对于工作不突出的班干部，班主任应该怎么办呢？

请看下面的一则案例。

☞案例现场

有一次，文娱委员找到我，委婉地问我："老师，我可不可以换个岗位啊？""怎么了？有什么麻烦了吗？"我笑着问她。

"我担任文娱委员已经一个月了，感觉也没做什么大事啊！""噢，那你想做什么大事啊？"我好奇地问她。

"我也不知道自己想做什么大事，只是那一个月来，我每天就是给同学们放课前一支歌，让同学们跟着唱。其他的事什么也没做，我这个文娱委员当得真没意思。"她不好意思地说。

我明白了，她是觉得自己没有做出什么太突出的事，感觉自己作为文娱委员的作用没有充分发挥。她担任文娱委员一个月以来，确实没有什么突出的表现，由于这段的工作比较忙，所以我也没有过多关注她的表现。现在她有这样的想法，我觉得是好事，表明她有表现自己、为班级做贡献的美好愿望，缺少的只是一些具体的活动。

于是，我说："文娱委员当得有没有意思，全在于你有没有自己独特的想法。"她一脸疑惑，我又提示她说："马上就要到国庆节，你这个文娱委员能不能组织班里的同学办一个'迎国庆'活动，唱唱歌，跳跳舞，演演小品，还有诗朗诵……"还没等我说完，她的眼里就放出了亮光。"真的吗？我能组织这次活动吗？""当然能啊，那是你文娱委员的职能所在啊。好好策划一下，调动同学们参加的积极性。"

听完我的建议之后，她果真兴致勃勃地去策划国庆节的文娱活动了，还让宣传委员帮她设计了一个大海报，又联系生活委员采购了活动的道具以及奖品。活动那天，她亲自担任主持人，充满热情地组织各种文娱节目的演出。同学们参与的积极性也很高，现场的气氛很好。

事后，我问她："感觉怎么样，还是没意思吗？""感觉真好，当文娱委员真带劲，以后我还可以组织其他演出活动吗？""当然可以啊，只要你有好的创意和想法，就能得到同学们的支持。平时，你还是要把放课前一支歌这样'没意思'的事做好。"她不好意思地笑了。

【案例分析】

案例中的文娱委员主动找班主任，自我评价最近一个月的工作不突出，请求换一个岗位。可见文娱委员对自身的要求还是很高的，她想有更好的表现，让同学们注意自己。

【案例对策】

班主任对于这样工作不突出，但是有积极想法的班干部，当然不能一换了之，更不能一撤了之。案例中的班主任积极提示文娱委员，可以根据自己的想法开展精彩的活动，既调动起同学们参加的积极性，也使文娱委员对自己的班级职务有了新的认识，充满了工作的热情与活力。

在实际工作中，还有很多工作不突出，但却对自己并无太高要求的班干部，得过且过，对工作缺少热情与创意。面对这样的班干部，班主任也不要轻易地撤掉他们的职务，要选取工作中值得称赞的地方进行表扬，激发班干部的工作潜力。

如果实在不行，班主任可以采用民主的方式，调整班干部的工作岗位。在变换之前，给班干部一个适应的机会，并进行必要的岗位培训，让班干部更有工作经验和工作能力。切不可以强行撤职，也不要不给出任何理由就免去班干部的职务，如果这样，教师与学生付出的代价将会是双倍的。

⊙引导班干部克服心理误区

有些班干部不能正确地对待自己，在工作过程中患得患失，让自己陷入了一些心理误区。班主任要及时掌握班干部的心理动态，及时加以疏导，使其尽快走出心理误区，最好为班级和同学们工作。最常见的心理误区有以下两种：

1. 自以为是

有些班干部有强烈的自我表现欲，时时处处事事都自以为是。在工作过程中，虽然表现出很强的责任心和工作热情，但却过于自负傲慢、妄自尊大。在人际交往过程中，以自我为中心，忽视他人自尊和利益。在工作中出现问题后，自以为是的班干部又听不得其他同学的批评意见，甚至有时连班主任的批评也不能用虚心的态度进行听取。

对出现自以为是倾向的班干部，班主任一定要及时引导，可以从以下几个方面进行教育：

(1) 全面评价自己，贵有自知之明。班主任要引导班干部，在充分肯定自身优点的同时，一定要认清自己的不足。

(2) 善用换位思考，尝试将心比心。班主任要教育班干部，在坚持自己意见的同时，也顾及他人的感受，给别人以足够的尊重。

(3) 善于听取意见，做到虚怀若谷。班干部在工作中要不耻下问，多听取别人的意见建议。在做好本职工作的同时，也要给其他班干部或同学留出展示才能的机会，不能凡事都自己出头露面。

(4) 坦然面对成绩，以平常心看得失。班干部在取得成绩时，不要忘记别人的支持与配合；工作出现失误、错误时，不要否认自己的责任，要勇于接受批评，承担责任。

2. 嫉妒狭隘

有些班干部看到别的同学取得好成绩就感到不舒服, 耿耿于怀, 于是猜疑对方, 甚至散布流言蜚语, 冷嘲热讽, 攻击对方。班主任要引导班干部及时克服这种嫉妒狭隘的心理, 可以从以下几个方面入手:

(1) 肯定别人的成绩, 学会羡慕。别人进步了, 自己不服气是好事, 这是上进心的表现, 是正常的。但不能埋怨甚至仇恨别人的成绩, 阻止别人的进步, 应把嫉妒的心理变成羡慕, 要有为别人的好成绩鼓掌、喝彩的开阔心理。

(2) 吸收别人的长处, 学会学习。别人取得成绩说明他在这方面有能力、有水平, 付出了努力, 但别人的成绩并不能反过来说明自己是一无是处的, 班干部应确信自己在某些方面并不比别的同学差, 要相信自己能赶上去。要虚心向自己的竞争对手学习, 努力赶上或超过对手。

(3) 正确看待威信, 淡化权力意识。班干部只有在同学中有威信, 才能具有影响力、感染力、号召力, 才能带领同学开展工作, 没有威信的班干部是无法发动同学开展工作的。但是, 班干部的威信不是自封的、不是强迫的, 而来自于知识、才能和品格, 是令同学佩服、信服、喜爱, 进而让同学愿意亲近自己、听从自己、拥护自己。所以, 班干部要相信同学, 依靠同学, 联系同学, 关心同学, 要靠接近同学, 来提高自己的威信。

此外, 班干部在具体的工作中还会因同学们的意见, 老师、家长的评价等因素, 产生一些心理问题。班主任要善于察言观色, 敏锐地发现班干部的心理状态, 及时、有策略地加以干预、引导, 使班干部摆正心态, 调节情绪, 乐观开朗地开展各项班级工作。

职场感悟:

第七节　正确应对班干部辞职

教海拾贝： 从儿童进学校的第一天起，就要善于看到并不断巩固和发展他们身上所有的好的东西。

——[苏]苏霍姆林斯基

一般来说，小学生一旦当上了干部，都会有一种心理上的满足。因为当了干部既可说明自己受到了老师、同学的重视和尊重，感到了"自我存在的价值"，又为这种"自我存在的价值"提供了自我表现、施展才干的机会。因此，想当干部借以发挥才干，得到这种殊荣和机会，就成了许多学生孜孜以求的一个目标。应当看到，这也是一定的社会观点在学生身上的反映。

尽管如此，工作一段时间后，班干部提出辞职的现象却还是时有发生。面对这种与当时竞选时热情洋溢情况截然相反的辞职现象，使有些班主任措手不及，更不知怎样对待。对班主任来说，这确实是一个需要仔细思考、讲究应对策略的问题。

对学生干部的辞职，班主任必须有一个正确的认识，即这是正常现象。面对学生的辞职，班主任不要惊慌，也不要不分青红皂白予以批评，而要冷静地分析原因，细致地做好学生的思想工作，并及时与家长联系，进行愉快沟通，并以自己的人格魅力帮助班干部树立威信，让班干部心情舒畅地协助班主任做好班级的各项工作。

请看下面的一则案例。

☞ 案例现场

这个班，是我从一年级时就开始带的，现在已经是三年级了。班级管理离不开班干部的协助，因此，我特别注重班干部的培养，也切实把权力下放给班干部，使我的班干部队伍把班级管理得井井有条。可是，一封辞职信却让我陷入沉思……

亲爱的老师：

您好，感谢您一直以来对我的培养和信任。今天，我要向您提出辞职，我要辞去班长的职务。作为班长，我一直很努力地做着，不断地改正自己的坏毛病，可是，似乎我犯了一点点小错误，同学们都认为是不可原谅的大错，我的心灵受到了巨大的打击。我不胜任班长这个职务，请老师同意我的请求，让我辞去班长这个职务。

您的学生：刘××

乍一看到这封辞职信，我着实很恼火，也很震惊：身为班长，竟然说不干就不干，还说自己在担任班长以来心理受到了巨大的打击？你一个小孩子，还会受打击？而且还说是"巨大的"打击……班里的同学都争着要当这个班长，而她竟然说要辞职不当班长了，我当时真的是气不打一处来。

深思良久，我还是同意了她的辞职请求。我询问她不当班长的理由，可是她却不愿意说，我也无从得知，只好由她去吧。之前的班级管理由于有了她的协助，使我的工作开展得特别顺利。而今，她竟然要辞职，那我的工作一定会忙乱无序。班级内只好临时召开紧急班会，民主选举一位新任班长暂时协助老师管理班级。从此，我的工作显得力不从心。

两个月后的一天中午，她对我说："老师，自从我不当班长了，同学们都说我从魔鬼变成天使了。""嗯？"我很诧异，"为什么？"

"以前你不在班级，由我管纪律的时候，同学们如果不听我的话，我就会和他们大叫，还发脾气。所以同学们都说我是魔鬼。现在我不用管班级了，我也不用和他们大叫和发脾气了，他们就说我是天使。"

"哦，那你不想再做班长了吗？"

"也想啊！可是我怕我会又和同学们发脾气。我知道自己的脾气很不好，管理班级时会忍不住又发脾气。哦，对了，老师，现在同学们也管新班长叫魔鬼了。还说我的管理能力比现在的班长强多了。"

"同学们的话从另一方面也肯定了你当班长的工作能力。"她高兴地笑了一下，我继续说："其实，老师同意你辞去班长这个职务，是想让你先暂时休息一下，缓解压力，放松精神，也是想让班级的同学通过对比，能从心底里承认你的能力和付

169

出。你不再管理班级，对于老师来讲是一大损失，你就是老师的得力助手，其他任课老师也都这样认为，他们经常夸奖你呢。你真的很棒！"一阵短暂的沉默，孩子流泪了……

随即，我便试探让她是否能再当选班长一职。她表示很想再担任班长，但又怕自己做不好，受到同学们的批评和指责。我鼓励她，要相信自己的能力，在下一届班干部竞选时，一定要争取再当班长，当一个天使般的班长。

【案例分析】

案例中的班长由于工作方式方法上的偏颇，造成同学们对她的指责；也由于她对同学要求得严格，对自己要求放松，使同学们不信服；另外，她担任班干部时间过长，容易有种高高在上的感觉，造成她与同学相处不融洽，这使该同学心理和身体感到疲惫，适当让她缓解一下，不但有利于她的健康成长，还有助于改正她对班长这一职务只有她能胜任的错误认识。

【案例对策】

对于她的主动请辞，班主任经过考虑，给了她适当放松的空间，保护了她的心理不受伤害。同时，因为新任班长管理班级的不得法，而使同学们感到原班长的重要之处。有了这样的经历，原班长在下一届竞选中就很有希望再次当选，继续发挥自己的管理才能。

⊙**对班干部辞职保持平和的心态和语气，倾听心声**

从上面的案例中，我们首先可以得到这样的启示：班主任对班干部的辞职要保持平和的心态和语气，要耐心地倾听班干部辞职的原因，如果班干部不愿意说辞职原因，班主任也不能强求，这样就给学生干部一种民主、和谐的沟通氛围。

当学生递交辞职信或正式提出辞职申请时，一定经过了思想斗争。他的压力可能来自学习成绩的困扰，也可能来自家庭。比如，有的班干部辞职是由于自身的原因，觉得能力不够，精力有限；还有的是来自家长方面的原因，有些家长认为当班干部，很多时间都花费在班级工作上，不利于孩子学习成绩的提高……

所以，班主任切不可采取简单粗暴的处理方法，要耐心倾听班干部的烦恼，弄清楚产生这些想法的真正原因。有时，辞职的班干部不愿意当面说，班主任可以及时与家长沟通、与周围的学生谈话，了解班干部最近的经历与表现。这些都是了解事实真相的好办法。

⊙灵活采取对策，注重再教育

在了解班干部辞职的真实原因之后，班主任就要对提出辞职的干部进行深入、细致、入情入理的思想疏导。一方面要肯定他在以往工作中的成绩，以引起他们的美好回忆，促使他们冷静思考自己提出辞职及其原因是否正确；一方面帮助他们分析因某种局部原因而贸然提出辞职的危害性、片面性，提高他们认识事物、辨别是非的能力。

因家长或其他学生干部、学生而引起的辞职，班主任在正面教育的同时，要做好家长、其他干部、学生的思想工作，创设班干部做好工作的环境；如因班主任自己的问题使班干部提出辞职，班主任要与其谈心，交流思想，力求解决。在此基础上，对坚决辞职的干部，可以同意他们的辞职申请。至于辞职理由充分合理的，如学习吃力，家庭、学校工作负担重等，班主任就要给以解决，或是调整，或是答应他们的请求等。

班主任对处理这类问题的方法绝不可忽视。方法不妥当，往往会给辞职干部乃至全班学生造成心理负担和压力，影响他们对班主任的信任和为班集体积极工作的信心。因此，在方法上，班主任要力求平稳而又富于教育作用。在宣布时，既要充分肯定辞职干部的工作成绩，又要敢于正视自己的不足，本着对班集体荣誉负责的态度，应当向他们提出希望——即使不当干部了，也要继续积极发挥作用，为班集体做出自己的贡献。这样不仅使辞职干部在心理上能够承受，而且对全班学生也进行了实事求是的教育。

职场感悟：

第六章　班干部与班内同学、科任教师的关系

第一节　端正班干部的服务态度，树立正确的"官"念

教海拾贝： *权力导致腐败，绝对权力导致绝对腐败。*

——[英]阿克顿

　　培养班干部的目的，不只是为了使班主任图个轻松，而是为培养未来的组织者、管理者。有了这些基本的指导思想，在培养班干部时，班主任首先要培养班干部正确的"官"念，培养班干部的服务意识。

⊙服务为先，告别"特权"

　　学生干部的出现，本是为了服务于学校管理，服务于学生成长的。但是学校本身就是一个小社会，校园也不是独立于整个社会之外的世外桃源，它自然会受到社会环境的影响。令人痛心的是，有一些学生干部也沾染上了不良风气，在头脑中形成"特权意识"，这对他们的成长、对校园良好的环境的形成，都是不利的。

　　要树立班干部的服务意识，可以从以下几方面入手：

　　1. 首先要让学生从观念上淡化"官本位"意识。在班级管理中多设管理岗位，让学生轮流当"官"。学生都成了一个活动、一类活动的组织者和召集人，他们互相服务。在他们身上，更多的是一种义务、责任，其核心内涵是"服务"。学生们在"为官执政"的时候，体验的不是管人的乐趣、征服的快乐和权力欲望的满足，而是发挥自己才能的欣慰，自身价值实现的喜悦，这种心理态势才是健康的。

　　2. 家长和老师也要提升自己的素质，以自己的言行正面引导孩子的思想。因

为父母是孩子的第一任老师，一举一动都会给孩子留下模仿的可能；老师如果不能正确引导，也会助长班干部的"特权意识"。学生正处于长知识、长身体的最佳时期，老师、家长的一言一行对孩子都起着潜移默化的影响。家长在家里要通过自己的良好言行影响孩子的服务意识；老师在学校里更要提高自己的综合素质，言为人师，行为世范，发挥为人师表的作用。

在校园这个培养人、塑造人的场所里，"学生官"接受的应是别具一格的教育，那就是先学会"做人"，然后尝试着学"做官"，"官念淡薄"后，他们在这里学会了尊重、关爱与平等，等到他们融入社会之后，才能成为以天下为公的人，才能成为有服务意识的人民公仆。

⊙克服"拜官"现象

小学生"拜官""媚官"现象是社会上一些权力至上风气的缩影，是成人世界扭曲的人生观、价值观在青少年身上的体现，它的存在有其复杂的原因。对此，班主任需要有清醒的认识，不要觉得小学生"小大人"般的表现很可爱，行动形成习惯，意识成就思想，当发现班级里出现"拜官"现象，班主任切不可熟视无睹，任其发展，要积极遏制歪风，克服"拜官"现象。

请看下面的一则新闻报道。

☞案例现场

《辽沈晚报》曾报道：近日，网络上流传着一组肩扛"五道杠"的少年照片。照片中的主人公据说是"少先队某市总队长"，戴着红领巾和少先队的"五道杠"队牌，不论阅读文件、与"同事"合影还是个人留影，都神情肃穆、不苟言笑，"官相"十足。随之而来，网店上"五道杠"队牌热卖，标价8-12元不等，很多小学生都买来模仿这位天才少年。

记者走进某小学附近的一家食杂店，向店主询问是否有卖队牌的。店主马上问："要几道杠的？五毛钱一个。"店主随后从柜台下拿出了一沓队牌，看样子能有30多张，全是一到三道杠的队牌。"这些队牌卖得好吗？""挺好的，很多小学生都买。"据这位店主讲，以前这些少先队队牌都是由学校统一购买的，然后再发给担任少先队干部的学生们，但现在就没有这个限制了，这东西随便卖了，也没有部门监管。一些学生即使不是学校少先队的干部也会来买队牌。随后,记者在其他几所小学附近的食杂店看到,"一、二、三道杠"都是可以随意买到,而且卖得都不错。

记者随机采访了几名学生,他们都表示,有些即使不是学校少先队干部的学生买队牌也很正常,队牌虽然不能在学校"使用",却可以在校外或课余时间佩戴。一些学生还告诉记者,现在竞选班干部和少先队干部很激烈,有一些被选下来的学生心里根本不服气,认为自己能够胜任为啥还没选上,所以私下会自己买个队牌,认为自己封的官不比选的官差。

随后,记者从一位老师那里得到这样的回答,"现在哪个学习好的学生不想当官!"据这位老师讲,现在很多家长都希望孩子当干部历练一下,可以锻炼交际能力,也有机会被评为区级、市级三好学生,以便将来升学。

【案例分析】

有心理健康专家指出,网络上流传的"五道杠"队牌事件在心理学上说,实际上就是少年的"拜官"心理,家长应该警惕。现在社会普遍看法就是班干部都是好学生,这无形中对学生的品质、等级进行了划分,使那些没当选班干部的学生产生自卑心理。

"拜官"心理很不利于孩子的思想定位。孩子在小学时期,道德感、情感等方面日渐完善,逐步形成自我思想,如果这时候孩子的思想被社会上一些如"拜官"、"拜金"等思想入侵,会对孩子的价值观造成不良影响,思想会发生偏激,行为会被"拜官"、"拜钱"思想左右,影响成长。

【案例对策】

为了克服"拜官"现象,家长、老师要分别从家庭引导、学校教育的角度帮助孩子树立正确的价值观,并形成教育合力,共同使学生树立起正确的"官"念。

家长可以通过以下方式来引导孩子树立正确的价值观:

1. 事件引导。家长可以和孩子一起看电视,针对电视里的某些官员腐败事件表达大人对事件的看法,给孩子正确的引导,然后慢慢鼓励孩子说出自己的想法,对孩子关于"当官"的不正确认识给予妥当的纠正与引导。

2. 实践引导。有条件的家长,可以让孩子和一名贫困地区的同龄孩子结对,每个月从自己的零花钱中,或生活用品中省出一部分给对方,让孩子尝到分享的满足感,克服以自我为中心的自私自利、攀富攀权的不良心理。

班主任或任课教师可以通过以下方式来教育学生:

1. 在选举上更新观念,体现"三主"

班主任应该首先在观念上来一个更新,抛弃旧有的唯"绩"是"举"的选评标准,在学生干部评选与运作上体现出"三主"性,即干部选择的民主性、工作开展的主动性和班级管理的主体性。让学生民主选择自己认可的班委成员,最大限度地调动起全班同学参与班级管理的热情,发挥主人翁精神,让整个班级"活"起来。

2. 在任用上科学民主,加强监督

不同的班干部任用制度具有不同的优缺点,班主任在实际操作中应该针对具体的班级特点和要求加以选择。不管采用哪一种任用,都要有相关的监督机制,班主任应引导班级里的非干部同学对班干部进行常态的监督,敢于监督,敢于批评,鼓励普通同学指出班干部在工作中的失误与不当之处,使学生克服对班干部的"膜拜"心理。班主任还可以通过班规对班干部的个体行为进行约束,通过营造健康的班风加强舆论引导。

3. 班主任对班干部既要"导",又要"督"

作为班主任,应该让班干部这些"民官"们知道:班干部是为全体同学服务的,自己作为同学们的利益代表,应抛弃干部等级观念,自觉抵制官本位意识。另外,由于小学生的年龄心智还极不成熟,行为控制能力差,而且他们的管理行为也具有一定的模仿色彩,缺乏自主性认识,有时管理行为难免会出现一些偏差,因此,作为班主任,应该在放手让班干部处理问题的同时起到参谋的作用,参与到学生的班级活动策划中来,当好他们的顾问。

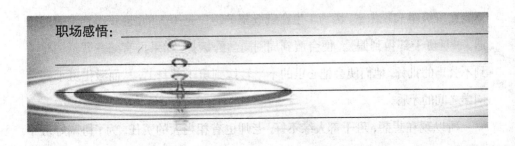

职场感悟:

第二节　协调好班干部与班内同学的关系

教海拾贝：　推测一校学生自治的成败，一看他的领袖就知道。所以要提高学生自治的价值，就须使最好的领袖不得不出来服务。

——陶行知

人际关系协调，即通过满足人们的需要，调节人与人之间情感上的差别，缩短彼此心理上的距离，使之建立良好、亲密、融洽的感情或心理关系。班干部在实际学习、生活、工作中，能否与同学建立起良好的人际关系，将会直接影响其工作的效果。

⊙平等对待，一视同仁

班主任应指导班干部在处理自己与同学的关系时，要克服一些障碍，比如个人成见、光环效应、心理定势、以己度人。班干部与周围的同学相处时，要平等对待，一视同仁，不能因个人的好恶，区别对待班里的同学，亲近一些，而疏远另一些，这样很容易使被疏远的同学对班干部的工作产生冷漠、不支持，甚至排斥的心理，不利于班级工作的开展。

班主任也应该在这方面给班干部做一个行为的表率，即秉持公心，平等对待每一个学生，不偏爱不歧视。班干部为班级、为老师做了大量的工作，与老师接触的机会多，自然会受到老师的偏爱，但班主任和任课教师应把这份偏爱深藏在心，不能在班级里表现出来，因为学生在班级里的地位是平等的，应该得到平等的待遇。一旦班干部得到偏爱，便会遭到周围同学的嫉妒，如果再有某些普通同学受到不公正的批评，他们便会把心里的不平转嫁到班干部身上，从而激化班干部与同学之间的矛盾。

所以现在想想，班干部人缘不好，老师也有相当大的责任。为了协调好班干部与班内同学的关系,班主任一定要把思想工作做在前面,一是让他们提高思想觉悟,树立起班干部与一般同学平等的观念,二是要运用好"打一巴掌给一个甜枣"的策略。比如,班主任在处理违纪问题时,决不能对同时犯同样错误的一般同学严加批评,而对班干部轻描淡写,甚至不闻不问,一定要一视同仁,同等对待。事后,再向班干部解释这样做的良苦用心,讲清利害关系,以及这样处理的目的。这样,既维护一般同学与班干部的平等关系,又增强了班干部平等对待同学的观念。

请看下面的一则案例。

☞ 案例现场

今天第二节课是我的语文课,将课文内容分析处理后,我把重点放在了文章的品读和感悟上。俗话说:"书读百遍,其义自见",对于重点段,我采用赛读的方式,四组同学每组推选一名同学代表进行比赛。读完后大家用掌声来评价谁读得最好。本以为四位同学都是班上学习榜样,朗读水平相当,同学的掌声应该都比较热烈,可是没想到四位同学读完后,班长李××的掌声明显比其他三位要小很多。这让我有些诧异了,心想:难道是因为她作为班长,同学们不支持她,不喜欢她吗?此时,她的神情明显表现出郁闷和不服气,气氛也有些尴尬。为了挽回局面,我说:"老师还没鼓掌呢,我要把掌声送给李××同学,因为我觉得她读得同样非常棒。"

课后,我回想为什么会出现今天这样的事。我不由得想起班里陈××写的一篇练笔《小伙伴,我想对你说》。她在作文中写道,李××,我想对你说,曾经我们一直是好朋友,可是最近我们有点弄僵了,我想对你说说心里话。很多同学都对你有意见,因为你是班长,经常有些盛气凌人。有时我觉得你确实做得不对,比方说在下课跳皮筋的时候,本来你跳坏了,几次都耍赖不肯下来,而有的同学才跳一下,你就说人家跳坏了,要换人。虽然你是班长你也不应该这样,就这一点,如果你能改正我们还是好朋友,好吗?

还有的同学曾向我反映过,班长为班级做的事情不多,也不主动去做,比如说有时候班级纪律不好时,同学间有矛盾时,她都不管;有时她在帮老师抽查课文生字过关时也不严格,有同学出现明显的错误,她都检查不出来。

想到这些，我觉得是时候做一下李××的思想工作了。于是，我把她叫到办公室里，耐心而细致地问她："今天课堂上好像很多人不太支持你，你有没有想过这是怎么回事？"李××默默地低下了头，陷入了沉思。看得出来，她明白其中的原因，而且已经开始反思自己的行为了。

这时，我趁热打铁道："作为一名班干部，应抱有一种为同学们服务的思想，你是班长，同学们都把你当成榜样，处处要向你学习。你就应该发挥模范带头作用，做好班级里的工作，为其他同学服务，而不是凌驾于班级之上，盛气凌人。只有真心地团结和帮助同学，同学们才能真心地支持和喜欢你，才愿意围在你身边，和你交朋友。你说呢？"经过这番教育，她已经认识到自己的不足，向我慢慢地点了点头。以后的日子里，她和同学们相处时不再苛求别人，显摆自己的权力，同学关系变得融洽了许多，同学们也更加支持她了。

【案例分析】

案例中的班长在与同学相处时，最开始表现得盛气凌人，很多同学对她有意见，变得不支持她了，她与同学们之间的关系出现了信任危机。

【案例对策】

案例中的班主任发现了苗头，及时做班长的思想工作，要求她发挥模范带头作用，做好班级里的工作，真心地团结和帮助同学。班主任的话使她端正了态度，重新建立起自己与同学之间平等、融洽的关系。

2011年版"义务教育品德与社会课程标准"中的课程内容也要求中高年段的小学生要"体会同学之间真诚相待、互相帮助的友爱之情；学会和同学平等相处。知道同学之间要相互尊重，友好交往。"并提出教学活动建议"可以讲述同学们互相关心的事例和自己的感受。也可以针对同学中常出现的摩擦和冲突，设置情境，讨论解决的办法。"班主任可以结合"品社课"的教学活动建议，让班干部与普通同学组成互动活动小组，经常开展组内的交流讨论活动，让班干部与同学们的意见得到互通与补充，使班干部学会与同学们平等相处，相互尊重。

⊙慎重处理班干部违纪，消除不良影响

班干部违反纪律之后，班主任在处理之前，一定要明确几个问题：处理违纪

的方式是否损害班干部的威信，是否有利于维护班干部与班内同学的平等、融洽关系？基于这两个问题的考虑，班主任再根据班干部违纪的具体情况，做出合理的处理。

请看下面的案例。

☞ **案例现场**

周一早上的升旗仪式结束之后，我让体育委员写出站队时说话的同学名单。体育委员写好之后，把纸条交给了我。纸条上除了几个调皮的学生姓名外，班长的名字孙××赫然在其中。我不禁有些迟疑了，但是同学们都等着我宣布纸上的名字，我只好把所有的名字都念了出来，点名的同学都站了起来，当然也包括班长。

我看到站起来的几个调皮的男同学得意地看看班长，又看看我。我知道他们心里在想什么，他们是想看我会怎样处罚班长。我心里也在盘算，我应该怎样询问他们违纪的事情呢？如果我很生气地问班长，班长的威信就会受到打击，其他违纪的同学会有幸灾乐祸的感觉，但是我又不能不问班长，把班长绕过去，其他同学肯定会感到不公正。

于是我决定用平和的语气进行询问，按座位的前后顺序先询问几个同学的违纪情况，然后依然平和地询问班长为什么说话。班长很坦诚地回答，确实说话了，只是和站在前面的一位同学简单地说了几句，然后就没再说什么了。看来，班长违纪事实确实存在，只是比前面的几个同学轻了很多。但是该怎样处理呢？

事先，我曾与同学们商量站队的时候该如何处罚？大多数同学们采用抄写课文的方式进行处罚，我和同学就这样约定下来了。现在，当然要按约定的方式进行处罚。那么，班长的违纪情节轻，是否应该比其他同学少抄写一些呢？我想了一下，不能区别对待，否则会引起同学们强烈的争论和不公平感。于是，班长和其他同学抄写一样的课文。

在班长交抄写完的课文时，我悄悄地对她说："今天，我必须这样处理。否则会让其他同学感觉不公平。我知道你只是说了几句话，比其他同学轻得多。但是作为班长，违纪了和其他同学接受一样的处罚，会让其他同学对你更信服，会认为你是一个勇于承担责任的班长。"班长点点头，笑着对我说："以后我会注意的，不会再出现今天的问题。"

【案例分析】

案例中的班长在升旗站队时出现了说话的违纪行为，虽然情节轻，但是如果班主任处理的方式让其他同学感到不公平，不仅会损害班主任在班里的威信，也会严重影响班干部与同学之间的友好关系。

【案例对策】

案例中的班主任首先调整自己处理违纪行为时的心态和语气，让班长和其他违纪同学都易于接受。然后，依照班主任与同学事先的约定进行处罚，也没有因班长的情节轻而减轻处罚，使同学们感到很公平。事后，班主任与班长及时沟通，也抚平了班长因受处罚而产生的不良情绪，使自己还像以前那样认真努力地为班级同学服务。

其实，班主任只要坚持"纪律面前，人人平等"的公正、公平、民主的做事原则，就不存在"班干部违反纪律怎么办"的难题，违反纪律就得照章受罚。现在，问题的关键在于如何让班干部心甘情愿地受罚，如何做好安抚工作。班主任可以从以下几点考虑：

1. 班主任要有冷静的头脑

班干部犯了错误，他心里已经很不安了，如果再对他进行严厉的批评指责，会让事情变得更糟。班主任应该冷静对待每一位学生所犯的错误，正确对待班干部所犯的错误。面对犯错误的班干部，班主任要保持平和的心态和语气，与班干部进行对话交流。

2. 班主任要有一双善听的耳朵

班干部违反纪律之后，不少班主任总是情绪激动地大声呵斥，指责他的不是。其实，学生之所以成为班干部，就是因为他犯的错误比别人少，他得到比别的同学更多的信任，班主任不能奢望班干部会比其他同学有更高的处理事情的能力，犯错误是很正常的现象，不可避免。我们不妨多点耐心，静静地倾听他陈述理由。也许当你听完他的陈述之后，情绪就会有所缓和，继而找到处理的方法。

3. 班主任要有一颗公正的心

班主任做事最忌讳的就是一碗水端不平，"两套标准"。班干部是班主任的助手，在情感上，班主任也许会更多地倾向于班干部，但在理性的管理上，全班同学制订的规章制度不可爱罚则罚、爱废则废。

4. 班主任要给予及时的安抚

惩罚之后，班主任一定要及时给违纪的班干部做思想工作，让他明白一个最基本的道理：纪律是一切制度的基石，组织与团队要能长久存在，其重要的维系力就是团队纪律，而这个组织的领导者自己更要率先垂范、维护纪律。班级制订班规不是为了惩罚某个人，而是为了约束大家的日常行为。"过而能改，善莫大焉"，犯错误的班干部依然是老师的好助手，同学的好榜样。

所以，班干部违反了纪律，班主任就得一视同仁，按照班级班规行事，但处理前要了解原因，处理时要冷静，处理后要及时安抚，让全班上下心服口服。

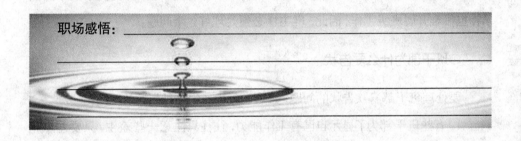

职场感悟：

181

第三节　妥善处理班干部告状

教海拾贝： *公正是赏罚分明者的美德。*

——[古希腊]亚里士多德

在班级工作中，一些班主任会经常发现班干部遇事就汇报，碰到问题就告状，这使相当一部分学生鄙视班干部，一些班干部感到很孤立，与同学搞不好团结，也很难开展班级工作。因此，班主任必须处理好这个问题。

⊙班干部为什么爱告状

要处理班干部喜欢告状的问题，必须先分析产生这种问题的原因：

1. 有些班干部为了显示自己有工作能力，往往只注意一些差生，只要差生稍有不遵守纪律的现象，他们就立即告状，让班主任批评他们，以此证明班干部对班级工作负责。

2. 有些班干部的产生，大多数是班主任直接任命的，他们认为班主任信任他们，因此自己也要"忠实"于班主任，遇事就要向班主任汇报，缺少自主性。

3. 有些班干部为了讨教师欢喜，经常告别的同学状，认为这样可以长期保住自己的"官位"。

4. 班干部缺乏管理班级、处理问题的能力，致使他们遇事不得不去告状。

5. 有些班主任平时不注意培养班干部独立处理问题的能力，并且认为自己不在班级时只能靠班干部的汇报来了解和处理班级问题。

在实际工作中，班主任应针对班干部喜欢告状的原因，区分情况进行处理，使班干部提高自己解决问题的能力，不要有"不告状就会丢官"的心理。

⊙班主任应如何对待班干部告状

班主任要慎重对待班干部的小报告，既不能过分纠缠，也不能坐视不管。

很多教师反映，小报告的问题处理起来十分棘手。面对班干部的"报告"，他们也不知道该不该信。一方面，不信，则可能会丧失一些有价值的信息，使一些问题得不到及时的解决；信，则难免会使"报告者"产生依赖心理，缺乏独立自主处理问题的能力。另一方面又会使被告状的同学产生逆反心理，学生之间产生隔阂，班集体也就谈不上团结了。

因此，班主任在处理这类问题时应格外谨慎，除了及时调查事情的真相，妥善处理外，还要重点对那些"报告者"进行引导，比如：同学之间的关系尽量自己去协调，只有他们不能协调时，才由老师处理，目的是要学生们形成健康的心理，培养一定的自主能力，通过引导和矫正，逐步减少和限制这种现象的发生。

请看下面的一则案例。

☞案例现场

每一个班主任大概都遇到过班干部"告状"的问题，我当然也不例外。当了近二十年的班主任，班干部"告状"的问题真是屡见不鲜，几乎成了我的"家常便饭"，尤其在我为千头万绪的班级工作而头脑发胀、为后进生的愚顽不化而绞尽脑汁、为一大堆的教案作业而措手不及时，那种莫名的烦躁是可想而知的。每到此时，我便会不由自主地生出一股无名之火，"去"、"就你事多"、"你怎么这么多事"等等一大堆的狠话脱口而出，似乎在发泄着心中的积怨，孩子们往往会尽兴而来，扫兴而归，甚至满脸满眼的惶恐，快快而归。

但事隔不久，我发现了很多的问题：班里的事情我知道得越来越少了，孩子们都和我疏远了，有的事我问都没人说了、班干部工作的热情明显下降，纪律问题越来越多，任课老师也反映出了很多的问题……

到了这时，我才如梦初醒，是我的态度打击了孩子们的积极性和工作热情，导致了这种情况的出现。班干部的"告状"，从表面上来看，是微不足道的小事，对于我们成年人来说，不值一提，其实它是孩子们有了正义感、有了是非观的一种体现，是孩子逐渐成熟的萌芽，也是孩子从少年走向未来一个必然的历程。我们没有认真地站在孩子的立场上去考虑，是我们的大意挫伤了孩子稚嫩的童心。

【案例分析】

案例中的班干部告状，是为了向班主任及时地反映班级里发生的事情。而班主任却把班干部的告状看成是"烦心事"，为此而严厉地训斥告状的班干部，结果损害班干部工作的热情，使班干部与班主任之间的关系疏远了。

【案例对策】

其实，班干部来"告状"，不管反映的是什么事情，班主任应该从以下几方面着手：

1. 保持正确的态度。班干部不管来告什么事，班主任一定要平和、冷静、耐心，听孩子把话说完，弄清事情的原委，要看着孩子的眼睛，一边倾听一边点头，表示你对这件事情的重视，让孩子觉得他说的话是有价值的，保护孩子的自尊心。

2. 采取果断的措施。对孩子所反映的事，班主任一定要引起足够的重视，果断处理。在处理问题上，要不偏不倚，公正无私，既要把问题处理贴切，给犯错者一个警示，又要维护"告状者"的面子，不要让其他的人认为"告状"者在拍马屁，讨好老师。

3. 把握教育的契机。班主任可以从班干部"告状"这些琐事中寻找教育的契机，并紧紧抓住不放松，向孩子实施珍惜友谊、与人为善、团结他人、尊老爱幼、热爱学习、艰苦朴素等德育教育。

此外，有些班主任在班级里设立"意见箱"，让班干部和同学们把自己要报告的事情写在纸上，投进箱子里。这种方式取代了直接找班主任告状的"报告团"，优越性是明显的。"意见箱"有助于让所有的学生都加入到班级的管理中来，保证了班级建设主体的广泛性，使班主任方便地收集各方面的有用信息，从而推动决策的民主化和科学化；有利于学生情绪的表达，促进心理健康发展；有助于形成良好的班风班貌与和谐的同学关系，为大家的学习和生活提供良好的环境。

⊙班主任绝不可培养告密者

有一些班主任喜欢在班上培养几个"心腹"，往往是班上的班干部充当了"心腹"的角色。通过这些"心腹"及时"告密"，班主任能对班上的情况一清二楚，甚至对每个学生每堂课的表现几乎都了如指掌，因此他总是能够"及时地"、"有针对性地"处理解决班上的各种问题。我们说，这样的班主任并没有什么恶意，但是班上的同学却说"在班上，我们没有安全感。"可见，培养"心腹"，培养"告密者"，始终是不能公开、难言公正的行径，也是让学生反感厌恶的治班之道。

具体来说，培养"告密者"有以下危害：

1. 这样做是对大多数同学的不信任、不尊重。因为班主任在大多数学生浑然不觉的情况下，就把他们无端地置于少数人的监视之中。这离我们教育所必须遵循的相信学生、尊重学生的原则相距甚远，一旦大多数学生觉醒，他们的羞辱感必然导致师生关系对立。

2. 这样做实际导致班集体的分裂。班级应该是和睦温暖的大家庭。可是，由于存在告密者，亲如兄弟姐妹的同学则成了互相防范的敌人。

3. 这样做将在学生心目中播下扭曲的价值观。当学生逐渐以告密为荣，而丝毫不觉得这是人性的可耻时，我们的教育已经为未来培养了许多奴才和小人。

请看一场网络上的争论。

☞ **案例现场**

2010年6月9日，郑渊洁在博客上以"郑渊洁：小学班干部制度是在培养汉奸"为题发博文，说小学班干部制度是在培养汉奸，并列举汉奸三个特点：1. 为强权效力；2. 告密；3.奴役同胞。微博还称，发达国家小学没有班干部制度，建议取消该制度，让所有孩子平等成长。

这个话题引发热议，很多网友想起小时候被班干部"告密"的事儿。

网友"怎样科学养猪"说，自己最恨班干部。初中时，老师规定每天交三个"坏人"名单，他经常上榜。直到有一天他确实什么也没干，班干部为凑数，他又上榜，忍不住揍了班干部一顿。还有位网友说，小学一年级时，老师觉得他学习好就让他当班长，他就拿着鸡毛当令箭，准备了根两米长的高粱秆，上课发现谁乱说乱动就敲谁一下。也有人认为，班干部本身没啥，问题出在那些管理班干部的人身上。

河南商报官方微博为此发起调查，其中87%的参与者认为应该取消小学班干部制度，这个制度摧残幼小心灵。有曾在加拿大上学的网友说，在加拿大中小学和大学确实没有班干部，每个人都是个体，老师也不会太多干预孩子，孩子在学校表现怎么样，成绩单会说话。

另外，10%的被调查者表示，不应该取消小学班干部制度，班干部是让好孩子带队，同时也帮老师管理班级，其余3%的网友表示不关注。

有些小学生评价，"班干部是奸细，喜欢给老师打小报告。"因为班干部通风报信，搞得班里人心惶惶，到处怀疑别人告密，但是如果要取消班干部制度，也不行，"老师不在班里还是需要有人管的"。"现在班里没几个想当班干部的，都怕和同学拉开距离，也不想被怀疑通风报信，更不想和老师接触太多，最重要的是怕影响学习。"

【案例分析】

说"小学班干部制度是在培养汉奸"，笔者不能苟同。设立班干部制度本身没有错，初衷也是好的，是为了班级的日常管理能够正常运转，也为了培养学生的自主管理能力。但缺少的恰恰是班干部培养制度，如何培养班干部现在完全靠班主任的个人素质与能力，有些甚至只是"使用"班干部，而不是"培养"。有些班主任把班干部当成了传令的工具、告密的武器，被网友称之为"汉奸"也就不足为奇。可见，主要责任还是在班主任身上。

【案例对策】

把班干部变成了告密者，从根本上来说，是因为老师教给学生的管理知识有问题，老师的管理知识不对，应该改进，而不宜取消管理制度。班主任在培养班干部时，一定要在班干部幼小的心灵中树立起这样的观念：秉持公心、平等待人、服务同学、奉献班级，使班干部不以告密为荣，成为班级的"谏"官，而不是"奸"官。

希望能有更多的班主任和教育专家，建立起了管理、培养班干部的更完善的理论，更新我们的教育观念，使班主任不再培养告密者。只有这样，我们的班级才能有一种温暖和谐的氛围，我们所教的学生才能有一种心灵的安全感，才能具备一种自我教育的能力。

⊙班干部切不可"公报私仇"

在协调班干部与班内同学的关系时，班主任还需要重点防范班干部利用职责赋予自己的权力"公报私仇"，使同学之间的关系恶化，给班干部的威信、班级的管理带来隐形的祸患。

请看下面的一则案例。

☞ 案例现场

这则案例是一位小学生的家长发表在网络论坛上的：

昨天我下班回家，一进门就看见孩子在家哭得很伤心。我反复询问，孩子才肯告诉我，原来是因为课间被一班干部认定为"表现不好"罚扫地了。孩子觉得很耻辱！我说表现不好罚扫地也是应该的！但她却说很委屈！原来课间她吃了一袋番茄酱，是同学送的。但这袋番茄酱又是那个班干部送给那位同学的，那班干部大概心里不爽，下课了就来要，非要孩子还给她。孩子已经把番茄酱吃了，当然拿不出来，她就向班主任告状，让老师罚孩子扫地！

我听了真的很感慨，心里也很不平静，在文明的校园里，一小小的班干部都会滥用职权，公报私仇了！

【案例分析】

案例中的现象在小学低年级的班级里时常发生。由于被报复而受到处罚的孩子不敢向老师和家长倾诉，致使老师和家长不能及时知道其中的原委。即使有的老师或家长知道了，也常常会觉得是因为孩子太小所以经常受欺负，以为大一点儿就会好。孰不知，对这种现象的姑息容忍，只会使被处罚的孩子心灵更受伤害。如果他（她）以后成为班干部，就很有可能将自己受到的欺负复制到其他同学的身上，使更多的孩子受到伤害。

【案例对策】

要消除案例中的现象，要从学校与家庭两个维度、班干部与受欺负的同学两个方面进行综合的指导、教育：

1. 班主任首先要教育班干部公平对待每一位同学，不能因为个人的情绪而不公平地处理班级里发生的事。同时，也要教育普通同学，如果自己受到了不公正的待遇，特别是班干部出现偏袒、故意找茬的现象时，一定要敢于向班主任表白自己的想法，倾诉自己的委屈，不可忍气吞声，任由别人伤害自己。

2. 家长如果得知孩子受到班干部不公正的处理，要采取冷静的方式加以解决。首先引导孩子说出自己的想法，然后鼓励孩子自己去向班主任或当事的班干部表露自己的正当要求，争取合理解决。必要时，家长可与班主任及时沟通，请班主任予以解决。

职场感悟：

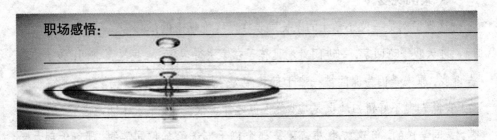

第四节 引导班干部同等对待每一位教师

教海拾贝： *平等者最终与平等者相投。*

——[古罗马]西塞罗

有的班干部对教师是"看人下菜"，对不同的教师表现出不同的态度和规格。这种存有偏心偏见对待教师的态度，反映了个别班干部的不良倾向，这就必然会影响本班教学工作的正常进行。因此，班主任要教育班干部端正自己的态度，对每一位教师都要一视同仁，做到对老师布置的任务、指示和提出的意见同样服从、接受和认真对待，在态度上同样热情，在工作上同样支持，决不可有亲疏厚薄之分。尤其对那些任职时间短、接近退休的老教师，更应该多一分尊重，多一分热情，多一分关心，多一些工作上的支持和帮助，决不可出现"人未走茶先凉"的情况。

⊙尊重任课教师，提升班风学风

一般来说，班干部对班主任的态度要明显好于对待其他的任课教师。这也从另一方面，要求班主任必须告诫班干部要处理好与任课教师的关系。

要密切班干部与任课教师的关系，班主任可以引导班干部做到以下几点：

1. 协助科代表、电教管理员同学为任课教师做好课前准备；

2. 及时收发任课教师布置的作业，督促同学认真修改作业中出现的错误；

3. 主动接受任课教师布置的难度较大的工作任务，争挑重担；

4. 对任课教师难以完美解决的问题，要甘愿吃亏，充分体谅教师的难处；

5. 主动弥补任课教师考虑不周的问题，不看教师的笑话；

6. 对任课教师一时的误会、误解，要宽容相待，注意维护教师威信，不说三道四，不得理不让人。

班干部在实际行动中协助任课教师做好班级的教学工作，维护好课堂纪律，有利于营造良好的班风学风，提高任课教师的课堂教学效果，同时给其他同学做出行为典范，保证师生之间的和谐关系。因此，班主任一定要重视教育班干部尊重每一位任课教师。

⊙礼貌对待异班教师，展现班级素养

有些班干部，对本班的班主任、任课教师较为熟悉，但是对不教本班课的异班教师，由于不熟悉，所以在走廊、校园见面后，往往会匆匆而过，不打招呼，更不用说行礼了。这是一种礼貌的缺失。

其实这个问题在很多同学的身上都存在，不单单是班干部的问题。从班干部的礼貌素养抓起，不仅是因为班干部是班级优秀学生的代表，对外展现着班级的良好风貌，更是因为班干部的良好行为能够更好地带动班级同学，使全班同学养成彰显勇气、展现素养的文明礼貌习惯。

为此，班主任可以对班委会全体成员开展文明礼仪方面的专题培训，下面是一次以"文明礼仪·问候先行"为主题的班干部教育培训方案。

☞ **案例现场**

"文明礼仪·问候先行"班干部文明礼仪培训方案

一、活动目的

1.通过培训活动，使班干部懂得文明礼仪是一个现代人必须具备的美德。

2.通过看录像、情境判断等方式，使班干部了解、掌握两种基本的校园问候礼仪。

3.通过实践，促进班干部良好礼貌习惯的养成，形成良好的校园氛围。

二、活动准备：资料幻灯片、视频资料

三、活动过程

（一）明确问好的意义。（见幻灯片）

（二）了解常用的两种校园问候礼仪。

1.了解两种常用的问候礼仪的不同点（动作规范的不同，场合的不同）

（1）鞠躬礼

鞠躬礼是比较正式的行礼方式，也是校园里最常用的一种问候礼仪。行鞠躬礼时要站在被行礼人前方1.5米左右的距离，行礼时双手自然下垂，贴放于身体两侧裤线处；弯腰的幅度可根据施礼对象和场合决定度数，一般在30度左右鞠躬比较合适。

行礼时，应面带微笑、声音洪亮地问声"老师好。"

鞠躬礼适用于哪些场合呢？

①早晨进入校园、班级见到老师时。

②上课前向老师问好时。

③课间在走廊中遇到老师时。

小结：鞠躬礼是表示对他人敬重的一种郑重礼节，是下级对上级、学生向老师、晚辈向长辈表达由衷敬意的礼节。

（2）摆手礼

摆手礼是比较自然的问好方式。行礼时面带微笑，抬起右手到脸颊的高度，轻轻摆动。如果再伴随一声清脆的"老师好"，那这样的摆手礼就会带给人一种阳光热情的感觉。

摆手礼适用于哪些场合呢？

①在运动场晨练或课间在操场活动遇到老师时。

（此时可在行摆手礼的同时问上一句"老师好"）

②在间餐或午餐有老师进到教室时。

③晨读、每日读或书写时遇到进教室的老师。

（此时，只需面带微笑行摆手礼即可）

小结：摆手礼是一种简单、自然的礼节。能够显示我们发自内心的、真诚的敬意。

2.掌握每种问候礼仪的规范

通过观看视频，学一学，练一练。可由教师指导，可找同学示范，使每个学生掌握两种礼仪的动作规范。

3.完成"考考你"中的选择题，并让学生说出选择的理由。

（1）在走廊中，迎面走来一位老师和一个阿姨，那位阿姨从没见过，似乎是

位家长。这个时候我应该（ C ）

　　A.走上前去,行鞠躬礼,问声"老师好"。

　　B.走上前去,行鞠躬礼,问声"老师好,客人好"。

　　C.走上前去,行鞠躬礼,问声"客人好,老师好"。

　　(2)在走廊中,迎面走来两位老师,其中有一位我认识,是学校的校长,这个时候我应该（ B ）

　　A.走上前去,行鞠躬礼,问声"校长好,老师好"。

　　B.走上前去,行鞠躬礼,问声"老师们好"。

　　C.走上前去,行鞠躬礼,问声"校长好"。

　　(3)在走廊中,迎面走来三、四个陌生人,他们在走廊里时不时到处看看,这个时候我应该（ A ）

　　A.走上前去,行鞠躬礼,问声"客人好"。

　　B.走上前去,行鞠躬礼,问声"老师们好"。

　　C.走上前去,行摆手礼,问声"客人好"。

　　(4)在走廊中,迎面走来一个陌生人,这个时候我可以（ A、B ）[多选]

　　A.走上前去,行鞠躬礼,问声"客人好"。

　　B.走上前去,行鞠躬礼,问声"叔叔好"或"阿姨好"。

　　(5)早晨走进学校,我看到值周老师站在大厅里迎接着同学们,这个时候我应（ A ）

　　A.主动走上前去,行鞠躬礼,问声"老师好"。

　　B.等老师对我问好后,微笑向老师行鞠躬礼并问好。

　　C.主动走上前去,行摆手礼,问声"老师好"。

　　(6)在校园中,我看到班主任老师和一个客人一起迎面走来,这个时候我应（ C ）

　　A.主动走上前去,行鞠躬礼,问声"老师好"。

　　B.主动走上前去,热情地行摆手礼问声:"老师好"。

　　C.主动走上前去,行鞠躬礼,问声:"老师好、客人好"。

　　(7)在校园中,我看到最喜欢的美术老师和其他几位不认识的老师一起迎面

192

走来,这个时候我应该(A)

A.主动走上前去,热情地行鞠躬礼问声"老师们好"。

B.主动走上前去,热情地行摆手礼问声:"马老师好"。

C.当老师走到我身边的时候,行点头礼,问声"老师好"。

4.完成两道讨论题。让班干部说出观点及理由。

(1)晨读或是上课时,一位老师进班级检查,这个时候同学们的哪种做法合适呢?请同学们在班级里展开讨论,说出自己的理由。

正确做法:自然地摆手。

当我们正在朗读的时候,可以不问好。如果正在书写或默读,看到老师走进教室,可以面带微笑自然地摆手。虽然没有出声问候,但热情地摆手也会给他人留下美好的印象。

(2)下课时在走廊里,我看到班主任老师正和一位家长谈着什么,从他们身边走过,我应该怎么做呢?

正确做法:不用问好。

当老师和家长在谈话的时候,我们不应该去问好。因为这样会打扰到他们的谈话。要知道下课的时候走廊里人很多,如果同学们都选择有礼貌地去问好,那老师和家长之间的谈话就要不停地被打断了。我们轻轻从旁走过,不去打扰,就会给人带来有礼貌的印象。如果他们刚刚谈完,这时上前问好时机很不错哦!

5.班主任可引导班干部说出其他关于问候礼仪的困惑,讨论交流,并想出解决的办法。

(三)总结:说说问候礼仪的重要性,并明确提出要求,今后要时刻将问候记在心间,使之成为自己良好的个人修养,让校园形成讲文明懂礼仪的良好风气。接下来,利用班会课时间、日常生活中主动践行问候礼仪,促进习惯的养成。

【案例小结】

以上的培训方案,主要是看录像、情境判断等方式,使班干部了解、掌握鞠躬礼、摆手礼两种基本的校园问候礼仪。通过实践,促进班干部良好礼貌习惯的养成,形成良好的校园氛围。

如果班干部在文明礼貌方面出现问题,班主任不应该训斥,而是要告诉班干部们应该如何正确地去做，教给他们适应不同情境的礼仪方式。有的时候，班干部们不是不想去礼貌地表现自己，而是缺少合理的表现形式。这一点，班主任要注重培养，使班干部能够将礼貌对待异班教师的美好行为，变成一种日常的习惯。

职场感悟：

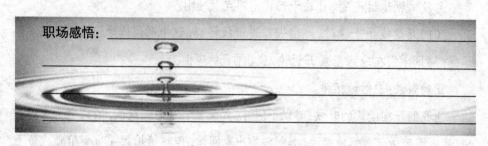

第五节　引导班干部协调好任课教师
与班级同学之间的关系

教海拾贝：　集体舆论的监督，能够锻炼学生的性格，培养学生的意志，能就学生个人的行为培养起有利于整体的习惯，能培养学生因为学校，因为自己是这个光荣集体的成员而自豪的精神。

——[苏]马卡连柯

班主任在教育班干部尊重每一位任课教师的同时，也要指导他们协调好任课教师与班级同学之间的关系，要教给班干部协调师生人际关系的策略与方法，使班干部真正发挥维系师生良好关系的纽带作用。

⊙做好与任课老师的沟通

当任课教师与班级同学发生矛盾冲突的时候，班干部一定不能置身事外。有些任课教师，面对混乱的班级纪律，或是被同学的行为所惹怒的时候，往往甩门而去，离开了课堂。这种行为自然是任课教师缺少教学策略、有失师德风范的表现，但是班干部绝不能坐视宝贵教学时间的浪费，积极发挥自己的协调沟通能力，首先化解任课教师的怒气，保证课堂教学的顺利完成。毕竟破坏课堂纪律、惹老师生气的只是那几个调皮的同学，绝不能因为几个同学的不良表现气走任课教师，影响全班的教学。班干部应该要有维护全班教学秩序的大局意识。

请看下面的一则案例。

☞ 案例现场

在一节科学课上，科学老师首先讲明了做小实验的方法与步骤，然后组织同学们进行分组练习。同学们做实验的积极性都很高，课堂氛围很活跃。

突然，"砰"的一声，一个500ml的量杯掉在了地上，打碎了。那一组的同学都愣住了，目光都盯着小轩，毫无疑问，量杯是他打碎的。在科学课上，损坏实验器材的事不可避免，只要没伤到孩子就没什么大事。科学老师一边让旁边的同学赶快拿来卫生工具，把玻璃碎片清扫干净，一边半开玩笑地对小轩说："打碎了一个量杯，明天你带一个新的量杯，还给我就行啦。"谁知，小轩语气很倔地说："量杯又不是我故意打碎的，刚才后面有个同学碰了我一下，凭什么让我赔啊？"小轩分明是为了掩盖自己的错误，有些蛮不讲理了。他的这一句话，一下子激起了科学老师的怒气。倒不是因为一个量杯的事，而是他对待问题的态度，再加上他平时的课堂纪律也不是很好，所以科学老师格外生气，说："好，你不用赔。实验课咱们也不用上了，免得到下课时，量杯剩不下几个。"科学老师说完这句话后，气呼呼地走出了教室，回办公室去了。教室里的孩子都呆住了。

现在离下课还有二十多分钟呢，那个实验如果没有老师的指导，也不能顺利地做下去。其他的同学都在劝小轩赶快把科学老师请回来，但小轩仿佛受了很大的委屈似的，竟然趴在桌子上哭了起来。

班长马上把学习委员叫过来，对他说："先别管他了。咱们赶快去把科学老师请回来吧，不然这节课就上不了了。"他们俩跑到科学办公室，一看科学老师正在等他们呢。他们对老师说："老师，你先不要生小轩的气啦。其他的同学都在等着您去指导我们做实验呢，这个小实验很有意思，我们不想因为小轩，影响大家上课的心情。"科学教师笑了，说："我并没有真生他的气，只是他根本不想承认自己的问题，犯了错就想往别人身上推。"班长说："下课后，我们会劝他的，让他明天再带一个量杯，可能他刚才一时没有想通吧。"科学老师点了点头，和班长他们一起回到了教室。

【案例分析】

案例中打碎量杯的小轩因为不想赔偿就把责任推给别的同学，结果气走了科学老师。如果科学老师不回教室，这节实验课就无法正常进行下去。而小轩又不肯认错，也不肯去请科学老师，这时候就需要班干部主动去化解这场矛盾。

【案例对策】

案例中的班长和学习委员，及时去找科学老师沟通，消解了科学老师的怒气。其实，科学老师也并非真的要停上这节课，他离开教室，只是想迫使小轩承认自己的错误。小轩又不肯当场认错，科学老师就无法下台，班干部就要做好"补台"的工作，使教师回到班级继续讲课。

⊙安抚好同学的情绪

在上面的事例中，班干部及时与任课教师沟通，使课堂教学能得以继续进行。但是任课教师与那个同学之间的矛盾并没有得到完全解决。那么，班干部又该如何去做呢？请继续看下面的案例。

☞案例现场

科学课下课之后，老师并没有跟小轩说话，而是直接离开了教室。这时，班长和学习委员走到了小轩的座位旁边，他还趴在桌子上，但已经不哭了。同组的其他同学也都在座位上坐着。班长安慰他："不管那个量杯是不是你打碎的，你都不应该这样对老师说话啊。你如果有理由的话，完全可以平静地跟老师说清楚。老师就是因为你说话的态度才气走的……"小轩抬起头来，语气也不像上课时那样倔了，但还是有些不服气，嘴里嘟囔着说："量杯是我掉到地上的，但是确实有后面的同学碰了我一下。"班长马上问他后面的同学："是谁碰了他一下？"有一个男同学不好意思地说："是我碰了他一下，但我确实不是故意的……"班长明白了小轩并没有说谎，只是不愿自己一个人承担责任。班长想了想，对他们说："你不是故意打的，你也不是故意碰的。但现在量杯碎了，我们总要赔偿啊，不然别的班同学做这个实验时就少一个量杯了。这样吧，你们两个人各承担一半的责任，合起来买一个新量杯吧。你们看怎么样？"小轩和那个男同学点点头，表示同意了。

第二天，他们果然买了一个新量杯，还给了科学老师，并说明了事情的经过，向科学老师道了歉。"量杯事件"得到了完满的解决。

【案例小结】

案例中的班长和学习委员在课下及时安慰那个男同学，并调查了事情的整个过程。通过一番劝慰，犯错的同学承认了错误，并赔偿了自己损坏的物品。

这样的事情，如果由班主任来解决，虽然并无不可，但是班主任接手解决问题，反而会使那个男同学的抵触情绪更为强烈，不利于问题的解决。可见，班干部发挥自己的协调作用，对平和地解决任课教师与班级同学的矛盾是多么的重要。

⊙引导好班级的舆论

班集体舆论是指在班集体中占优势并为多数人所赞同的言论和意见。

正确的舆论在班集体建设中将会发挥重要的作用：一方面，正确的舆论反映的是班内多数人的意愿、态度和倾向，必然会形成一种巨大的影响力，对班内的矛盾和冲突、班内成员的行为等进行评论，使错误的言论、行为得到抑制，并促其转化；使正确的言论和行为得到肯定、支持、鼓舞和激励。正确的舆论对个别学生的影响往往比教师个人的力量要大得多，有效得多。

但是，大多数班集体的正确舆论都不是自发形成的，而是在教师与班干部的领导下，班内同学共同努力的结果。作为班干部，要把握班集体舆论的正确方向，避免因个别同学的情绪化言论，而误导了集体舆论，影响任课教师与同学之间的信任关系。

请看下面的案例。

☞案例现场

在放学前的自习课上，数学科代表发下了两张卷子，说这是周末的作业。

小宫的座位在班级里的第一排，立刻站起来，向后排的同学大声喊："数学老师说话不算数，上课的时候说周末的作业只有一张卷子，现在发了两张，太多了。"后排的几个淘气的同学也跟着起哄，大声嚷嚷："数学教师说话不算数！作业太多了！"教室的纪律顿时大乱。

这时，班主任因为开会还没有到班。班长，也是数学科代表，一看这种情形，马上走到了小宫的跟前，严厉地对他说："你喊什么？其他同学还要自习、写作业呢。你大声喊，不是破坏课堂纪律吗？"小宫马上安静了下来，但嘴里还在说："反正数学老师说话不算数，数学作业我不做了。"说完，他还得意地瞅了后排的那几个男同学，仿佛他们形成了一个"反数学作业"同盟了。其他同学拿到两张数学卷子，脸上也都露出了不高兴的表情，有很多同学也在嘀嘀咕咕地说着什么。

班长马上制止了同学们的说话声，大声问："觉得周末数学作业多的同学请举手。"超过一大半的同学都举起了手。班长让大家放下手，又问："大家知道周一第一节数学课干什么吗？""第五单元测试。"有几个同学回答了上来。

"好!"班长一字一顿地说,"大家再想想昨天我们做第五单元练习卷的时候,有多少同学只考了七八十分。数学老师上午是说过只有一张卷子,但是这张卷子是中午才印出来的。现在多发了一张卷子,为的是什么?还不是让我们多做一些练习题,周一能取得更好的成绩吗?"

班长的一番话,使很多同学陷入了深思。那几个大声喊的同学安静了下来,开始写作业了。数学作业的一场风波平息了。

【案例分析】

案例中的小宫因为数学老师多发了一张卷子,就大声喊:"数学老师说话不算数。"这样的话无疑会使数学老师的形象受到损害。而数学老师多发了一张卷子的真正目的,有的同学并没有想清楚。

【案例对策】

案例中的班长及时制止了小宫违反自习纪律的行为,并且耐心地引导全班同学认真思考老师多发一张数学卷子的目的。有了班长的引导,大部分同学还是理解了老师多发了一张卷子,虽然和上午说的话有矛盾,但是目的是为了同学们在下周一的测试取得一个更好的成绩。这样,小宫所说的"数学老师说话不算数",便不能占据全班同学的舆论阵地,避免了全班同学对数学老师产生不好的印象。大部分同学还是理解数学老师的良苦用心的。

可见,班干部在协调任课教师与班级同学之间的关系,发挥着既细致又深入的作用。由于班干部就是班级事件的亲历者,就是班级同学中的一员,所以班主任一定教育班干部把握好班级同学与任课教师的关系走向,及时消除破坏师生关系、班级团结的事件或言论。

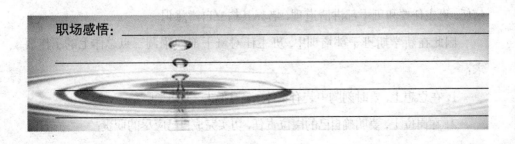

职场感悟:

第七章　班干部体系的自我运作

第一节　以身作则，赏罚分明
——对班干部自身行为的要求

教海拾贝： *如果强调什么，你就检查什么；你不检查，就等于不重视。*

——[美]路易斯·郭士纳

小学生由于认识水平及生活经验的制约，工作中难免出现差错，班主任要有计划地培养他们，让班干部在工作中锻炼自己。因此，班主任必须要严格要求班干部。班干部有了成绩要及时表扬，但犯了错误，也应该批评，使他们了解自己不是班级里的"特殊群体"，也使同学看到老师对待班干部与其他同学是一视同仁、平等对待的，感受老师的公平教育，从而在班级内形成人人平等的局面，更好地建设"和谐班级"。

⊙严格要求，对班干部提出更高希望

伟大的教育家孔子曾说过："其身正，不令而行；其身不正，虽令不从。"班主任应要求班干部以身作则、身先士卒，处处以更高的标准要求自己，因为班干部不仅是指令的发布者，更是行动的带头者，应以自己的模范行为去取得全班同学的信任，班主任要和班干部讲清道理，培养其树立自律意识。

因此在新学期班干部培训中，班主任对班干部要强调三点总体上的工作要求：

1. 在思想上，要时刻胸中装有集体、装有他人，为同学服务；

2. 在岗位上，要明确自己的岗位责任，切实完成自己应尽的职责；

3. 在管理上，要寻求合适的策略，用自身的非权力影响，最大程度地发挥自

己的感召力，带动同学一起进步。

此外，班干部本身是学生，但与普通同学又有很大的区别，所以对班干部的要求还要更细致一些。比如：

1. 在穿着打扮上，不能穿奇装异服，应保持朴素大方整洁的形象；

2. 在言谈举止上，不能说脏话，谈吐文雅，举止文明，时时关心同学；

3. 在学习上，要勤奋刻苦，并以自己的努力去影响周围同学，带动大家形成良好的学风；

4. 在纪律上，如果要求一般同学做到的，那么班干部就必须先做到，等等。

⊙赏罚分明，注重班干部的心理成长

班主任要对班干部赏罚分明。对班干部要高标准、严要求，要求同学做到的，班干部首先要做到、做好。同时，实行民主监督，使班干部的工作既有管理又有监督。例如，对班干部的工作实行量化处理，并与每月实行的综合素质评定直接挂钩，奖优罚劣，让班干部受到同学们的监督，从而更严于律己。对优秀学生干部给予肯定和奖励，在评定各级优秀学生干部、优秀团员、三好学生等方面应予以优先考虑。当然，对有违纪行为的或不称职的干部要及时指明缺点、错误，对其严厉批评，并限期整改，直至撤职。只有赏，才能激励班干部的工作热情和积极性；只有罚，才能抑制不良行为的产生。

个别班干部在工作取得一定成绩后，可能会滋生骄傲自满的情绪，居功自傲，不求进步。因此，班主任在赏罚分明的同时，也要及时掌握班干部的思想动态，适时组织班干部进行教育学习，提出更高更严的要求，针对班干部的工作做到赏罚分明。

请看下面的案例。

☞案例现场

我们班的劳动委员比较积极、负责，能吃苦、肯干，但脾气暴躁。我们班每周要评选学习最努力的、劳动最积极的、影响班集体的同学共三人。

有一次，班会上评选近期对班级建设有不利影响的同学。在影响班集体的同学中竟然有他的名字，而且还注明他经常口出脏话。由此我对他进行了严肃处理，并令其公开检讨，让同学们感觉到班主任的公正；同时，劳动委员在我的批评教育之后，

切实认识到自身存在的问题，真诚地向同学们做了公开检讨，这也让同学们对班干部的诚实感到佩服，一定程度上对提高班干部的威信起到了很好的作用。

【案例分析】

案例中的劳动委员既有工作中的优点，又有性格的缺点。班主任通过对劳动委员的严肃批评，使他公开检讨。这种严正的教育方式，在班主任处理班干部的时候也是常用的。

【案例对策】

从上面的案例可以看到，班主任对班干部的严格要求，不仅能够促使班干部的自律，从而进一步发挥班干部在同学中的模范与表率作用，而且还能起到对整个班风与学风的无形引领作用。

作为班主任，虽说不用王的凶狠，但也要学点杀伐决断。一旦发现有班干部不负责任，马上要进行处理，或撤职，或思想教育。因为一旦让班干部觉得有特权在身的话，将会影响班里的风气，滋长不正之风，降低班干部的威信，对于管理的效率将会大打折扣。

管理学家琼·玛格丽塔说过："无法评估，就无法管理。"班主任要对班干部的工作情况与状态有一个民主的监督评价机制。民主的力量是无穷的。全班同学都来监督、支持班干部的工作，就能形成积极向上的班风班貌。比如，有的班主任每半学期进行一次对班干部工作的民主评议，让同学们互相督促。有的同学提到："体育委员讲话爱骂人，整队时会踢人。数学课代表把自己的作业本放在上面，这样可以第一个被老师批改，而且还骂我们懒虫。"这样的行为有损班干部的形象，班主任不能简单批评了事，而是找同学反映有问题的班干部进行谈心，指出缺点，说明改正了缺点仍是班内的好干部。

总之，只有坚持对班干部严格要求、赏罚分明，才能锻炼学生的能力，才能充分发挥班干部的积极作用。

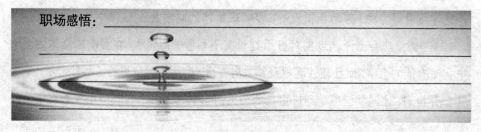

职场感悟：

第二节　我们的班级，我们做主

教海拾贝：　*记住你的管教目的应该是养成一个能够自治的人，而不是一个要让人来管理的人。*

——[英]赫伯特·斯宾塞

班级管理要走上学生自主管理的轨道，让学生做自己班的主，就需要建立起以学生干部为核心的管理体系。

⊙确定班长负责制，树立领导中心

"班长负责制"，是指以班长为首的班委会以主人翁的姿态对班级实施主动、动态管理的一种管理模式。该模式所形成的管理制度和具体的内容可随着班级、教师和学生的情况不同而"因班而异"，但其实质必须是分工明确，责任到人，各负其责又协同作战。

在确定"班长负责制"的时候，班主任和全班同学要在思想上和组织上做好相应的准备：

1. 在思想上，教师要从观念上正确认识师生关系。在教书育人的时候，教师必须尊重学生的人格和主体地位，为学生创设自己管理自己的条件和环境，指导学生自律管理，使其道德水平和人格修养在矛盾的冲突与体验中得到提高。

2. 在组织上，为了唤醒部分同学的责任意识，最好是先在班级中实行干部轮换制。干部轮换制能为多数同学创造为集体服务的机会，并在角色轮换中认识个体在班集体中所享有的权利和应负的责任。这样做就能调动班级大部分同学主动投入到"班长负责制"这一管理工作中来，确定以班长为领导核心的自主管理体系。

"班长负责制"确定之后，班级管理中出现的矛盾和问题将交给学生自己处理，班主任不再是传统意义上的"家长"或"管家婆"，更不是静观事态发展、而在一旁休息的"旁观者",任何一项规则的制订实施都可以不需班主任首肯,而只是在学生中通过。这种亦师亦友的平等和融洽,有利于师生之间敞开心扉,相互接纳,有利于双方相互纠正偏颇,共同进步。

"班长负责制"为班干部和普通同学的人格成长提供了一个真实的社会环境。学生在班级的动态管理中,不断地遇到矛盾和问题,又不断地协调解决这些矛盾和问题。这是一种自我学习、自我教育的过程,道德标准与优秀人格要素不断地得到学生的肯定与实施,从而自然而然地内化为学生的基本素质。

⊙班里发生了突发事件

在小学生这一群体实行"班长负责制"后,班主任能否放心地把整个班级交给班干部们,让班级管理体系自我运行呢? 答案是不交也得交,因为班主任时常会有外出开会的时候,需要班干部发挥完全的管理职能。班主任对班干部的培养成功与否,最高的检验标准就是看班主任外出时,班级是否能正常运作,自行解决一些突发事件。

班主任不在班级里的时候,最担心班级里发生突发事件,特别是发生受伤事件。突发事件如果不能及时得到处理,不但会使学生受到更深的伤害,而且也有可能造成家长对班级、学校管理工作的不满,引发家校矛盾。

请看下面的一则案例。

☞案例现场

明天我要去总校开会,需要一整天的时间。临行前,我叮嘱班长担任"临时班主任",负起管理班级的全部责任,其他班干部要协助班长管好各项工作。班级里不管发生什么事情,自行解决。以前,我会让其他班主任代为管理,但现在我想让班干部在我外出的时候真正体验一下班级的自主管理,我相信六年级的学生有这种能力。

第二天中午,在运动场上踢球的时候,我班的小朋用力一踢,足球正好砸到了我班小李的脸上,眼镜上的鼻托歪了,他的左眼眼角也被鼻托划伤了。小朋立刻把小李送到了校医室,进行了简单的消毒处理。眼角的几道划痕清晰可见,眼皮也明显肿了起来,眼睛有些睁不开了。

当时我不在学校,小朋只好把这事告诉了班长。班长想起我平时会在同学受伤之后,立刻给家长打电话,通报一下情况,严重的时候会让家长把学生及时接走，进一步治疗。

于是，班长就借班里同学的手机，给小李的妈妈打了一下电话，语气很平静、也很有礼貌地把事情的经过告诉了小李的妈妈，并请她不要担心，情况不严重，但是为了保险起见，还是要求小李的妈妈马上到学校，带小李去医院检查一下。小李的妈妈很快到学校，把小李带去医院检查了。

下午，临近放学的时候，我才回到学校。班长向我汇报了这件事，我表扬班长处理得很及时、很正确。如果因为我不在学校，班长又不打电话通知家长，小李的伤势得不到及时的治疗就可能留下严重的后果。

小朋不是故意踢伤小李的，所以我对小朋没有批评，只是让他晚上给小李打一下电话，问候一下。同时，我也给小李的妈妈打了一个电话，她说医生检查过，伤得不重，对眼睛没有什么影响，不用担心。

【案例分析】

案例中小李的眼镜被小朋踢球砸坏了，眼角也受了伤。在班主任外出开会的情况下，班长沉着冷静地处理了这起突发的受伤事件，迅速给小李的家长打电话，通知了这件事，使小李能够及时跟妈妈去医院做进一步的检查与治疗。班长的及时处理，使班干部在这件突发事件上占有了行动的主动权，避免了因通知不及时、治疗不及时给受伤同学造成更大的影响，也避免了家长与学校发生矛盾。

【案例小结】

案例提示我们，班主任在平时的工作中，一定要给班干部一些工作方法上的提示与指导。案例中的班长就是想起了班主任处理类似事件的方法，才给受伤同学的家长及时打电话，很好地处理这起突发事件。所以，班主任对班干部的培养需要一些公开透明的部分，有些工作方法有必要做给班干部看，让班干部从班主任的言行中学到更多的处事方式。

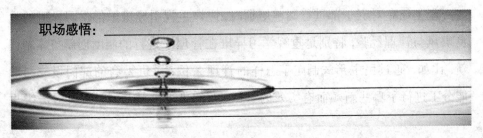

职场感悟：

第三节　他山之石，可以攻玉

——与异班班干部的学习与交流

教海拾贝： *管理者的最基本功能是发展与维系一个畅通的沟通管道。*

——[美]切斯特·巴纳德

在班干部的自我运作中，不可避免地要与其他班级的学生和老师发生联系。在班主任全面管理班级事务的情况下，本班与异班的沟通基本是班主任老师主导和完成的，班干部在这方面得到锻炼的机会并不多。常见的方法，一般是班主任派出班干部去见异班的班主任或学生进行简单的沟通，班干部基本是"传话筒"的角色。如何让班干部在与异班的沟通交流中具备主动意识，是班主任需要思考的长远问题。还有班干部的说话技巧、应变能力等，也都需要班主任加以培养的。

在实际班级管理工作中，有的班干部因为本班同学与异班同学发生矛盾，便没有告诉本班班主任，而直接去找异班的班主任"讲理"。素质好的异班班主任倒不会对班干部的莽撞有什么意见，因为毕竟是小学生、小孩子，只是有些班主任架不住"面子"，埋怨班干部没大没小、就爱告状。其实，在这个过程中，班主任难道不应该为本班班干部维护班级同学的身心健康、正当权益而表现出来的勇气与责任心所感动吗？

⊙学习异班的优良班风与管理经验

班主任在对班干部进行岗前培训时，应该重视引导班干部学习异班的优良班风与管理经验，特别是重视学习异班在管理上进行的制度创新与体制创新，比如，通过民主形式制定了怎样的管理条例，对班委会的部门设立与职能分工进行了哪些新颖而有实效的尝试。有的班干部就与同学们针对班级里的某一类突出问题和现象，制订处理办法。请看下面的这则《绝不再打架公约》。

☞ **案例现场**

"绝不再打架"班级公约

1. 自我克制原则

（1）不管发生什么事情，不管当时自己的情绪有多激动，不管是否错在他人，一定不动手打人。

（2）如果是与外班的同学发生纠纷，能当面把误会化解最好，有错在自身则及时道歉，若化解不了，一定不可以擅自聚众用武力来解决，要报告各自班主任，交由班主任处理。

（3）如果是与本班同学发生争执，首先遵从以下原则：男生礼让女生，班干部礼让非班干部。勇于主动承认错误，不可执意争吵，更不可动手打架。

2. 违规处理方案

（1）与外班同学发生纠纷，罚扫地一天，擦黑板一天。

（2）与本班同学争执，罚扫地一天。

（3）与外班同学打架，不论对错，在班级公开检讨。

（4）本班同学打架，打架双方在班级公开检讨，并相互道歉，先动手的一方加罚扫地一天。

3. 调停纠纷奖励措施

（1）发现本班同学与外班同学发生纠纷及时制止并报告班主任者，奖励5分。

（2）及时劝阻并调停班级内部纠纷者，奖励5分。

（3）发现问题及时报告者，奖励2分。

4. 心灵寄语

（1）与人相处，以和为贵。同学之间，应和谐共处。明白了这个道理，相信谁都不会想去殴打同学。

（2）生活学习中，难免有误会和小摩擦，退一步，海阔天空，同学之间的鸡毛蒜皮小事，何必要争个你死我活，分轻谁是谁非。礼让他人，你也会得到尊敬。

（3）如果对方确实不对，惹怒了你，你先数到十，然后再想，他已经错了，你打他一下能弥补他对你的伤害么，是否有更合适的解决方式？

（4）如果自己因为一时冲动和不理智与人动手打架了，一定要给自己惩罚，让自己牢记教训，并好好反思，确保绝不再犯。

（5）如果对方故意挑起事端，找你打架，你也不可以逞强，要避免。俗话说得好，惹不起的，躲得起。

（6）看到同学发生争执时，其他同学不能漠不关心，更不能在旁边当看客，一定要双方劝解，全力制止打架事件的发生。

5. 全班同学共同宣誓：绝不再打架！

近来班级里有好几起打架事件，都因小事而起，却都造成了不小的伤害。希望全班同学引起高度重视，做好自己，从细节出发，确保不再发生打架斗殴事件。

【案例分析】

以上的管理条例，就是针对打架这一现象，由班干部与同学们共同制定的，条例的目标性很强，言辞恳切，可行性很强。有了这样的条例，班干部就可以对班级里的打架及时进行处理，便于同学们之间互相提醒、共同监督、公正处理。

⊙及时处理好本班与异班同学之间的矛盾

本班同学与异班同学发生的矛盾，有很多种，比如借东西没有及时归还、因意外碰撞造成的冲突、在班车上产生的矛盾延续到班级里等。如果班主任没有外出，知道这些事情后，一般会寻找妥善的方法。但是，如果班主任外出，而让小干部来解决这类问题，多多少少会有难度，这也需要班主任在实际工作中多给班干部一些锻炼的机会，预演一些工作的情境与任务，让班干部在演习性的班级工作中掌握处理各种情况的能力。

本班与异班同学之间较普遍且不易处理的矛盾就是打架。现在，我们就来看看案例中的班干部是如何处理这一事件的。

☞ **案例现场**

中午，我班与六班在运动场上进行了一场足球比赛，结果我们班一比零，赢了六班。

在回班的途中，六班的一个同学走到我们班小张的后面。他想起刚才小张高兴欢呼的样子，不由得有些生气，便使劲推了小张的后背一下，差点把小张推倒在地。小张回头生气地问他："你为什么推我？"那个同学语气也很冲，说："我就是看你们班的人不顺眼。"小张当然很气愤，便和他拉扯在一起，打了起来。周围的同学马上把他们俩拉开，劝回了班级。

回到班级之后，很多同学都已经知道了打架的原因，也都很气愤，说："输了球就要推人，太没素质了。一定要找他们班主任去。"很多同学喊着要去教师办公室评理。

班长马上拦下了一些同学，说："先回座，我们商量一下。"同学们安静了一些，班长继续说："我觉得这件事没有必要去告诉老师，因为这只是他们班一个同学的行为，是他自己心里想不通，才做出这样的事，但并不代表他们班其他同学不讲理。我们可以直接找他们班的班长评理。"

很多同学跟着班长来到六班的门口，首先和他们班的班长说了这件事。他们班的班长也知道这件事是自己班的同学做得不对，但是又有些为难，不知道该怎么办？我们班的班长说："我们来就是要他承认错误，向我们班的同学道歉。这件事也确实是他做得不对。如果他不肯道歉解决的话，我们就去找你们班主任。"有理有节的话，顿时使六班班长下定了决心，把那个推人的同学叫了出来，跟他小声说了几句。那个同学只好向我们班的同学坦诚道歉，承认是自己一时想不通才那样做的。我们班的同学也原谅了他，心满意足地回班了。

【案例分析】

案例中的小张被六班同学因输球使劲推了一下，由此产生了矛盾。班长在了解情况之后，劝止同学们向对方的班主任告状，而是结成一个集体，一起去找六班的班长评理。最后，两位班长顺利地解决了这个问题。

【案例小结】

案例中的事情在小学生的日常生活中时常发生，丝毫不会让人感到意外。对于这样的"小事"，实在没有必要向班主任报告，请求班主任出面解决。但是如果班干部没有这方面的处事能力，那班主任真要劳神费力了。

班主任要想省心省力，就要注重班干部的自我教育、自我成长。班干部处理问题的能力，以及说话的技巧，都需要班主任在日常工作中加以培养。只有班主任放手让班干部自己去解决问题，才能在实践中锻炼出真正的管理人才，班干部体系的自我运作、班级的自主管理才能真正得以实现。

职场感悟：

后 记

我从事小学班主任工作虽已有多年，但对班级管理、培养小干部方面的经验与能力还是很匮乏，一直是在学习别人的经验与自我的尝试中进行的。

由最开始简单粗暴式的强硬管理到调整自己对班级管理的心态，再到尝试去用孩子们喜欢接受的一些方式去管理班级。在这个过程中，首先是黑柳彻子的《窗边的小豆豆》改变了我对儿童教育的看法，学会了用儿童的视野去理解儿童；亲耳聆听魏书生老师在哈尔滨的一场讲座之后，我又加深了对班级管理要坚持科学、民主观念的理解；而李镇西、黄可国、万玮等老师关于班级管理方面的著作，又给了我多方面的启迪。

可以说，眼前自己所编的这本小书，实在是我学习班级管理、培养小干部的一个资料汇编，方便自己，以飨读者。在汇编的过程中，我力求能较全面地阐述小学班主任在班干部管理方面应注意的各项问题，但无奈时间与精力有限，往往挂一漏万，敬请教育界的同仁及专家批评指正。

在写作体例上，我将理论与实际的班干部管理案例相结合，从实践中探讨理论与策略的可行性，在每一节的前面，设立"教海拾贝"，从教育专家、管理专家的语录中求索精辟的论断；在每一节的后面，设立"职场感悟"，力求用互动式的写作形式，让阅读本书的班主任及其他教育工作者能及时写下自己对本书的批评指正意见。

此外，我还查阅了国内教育同仁关于班级管理、班干部培养方面的大量专著、期刊论文、学位论文以及发表在网络日志中的教育案例与反思等资料，使我对班干部管理有了更多的感悟与收获。在此，仅将我所参阅与引用的部分书目及论文列于"参考文献"之中，以示尊敬与感谢。

愿小学班主任们，工作像孩子们的童年一样的快乐，收获像孩子们的世界一样的丰富！

编者：尹江石

2012年5月

参考文献

一、学术专著

1. 赵凯主编. 好班规打造好班级. 重庆：西南师范大学出版社，2008.12.

2. 王希永编. 小学班干部工作手册. 北京：开明出版社，2009.7.

3. 王希永编. 中学班干部工作手册. 北京：开明出版社，2009.7.

4. 王希永编. 不小心当了班干部. 北京：开明出版社，2009.7.

5. 黄可国主编. 班主任管理班干部的学问. 长春：吉林大学出版社，2010.3.

6. 方圆编著. 新编学校内部管理制度范本大全. 北京：北京工业大学出版社，2010.4.

7. 本编写组. 怎样当一个合格的班干部. 广州：广东世界图书出版公司，2010.4

8. 胡小艳编著. 当好班干部有方法——成功班干部的秘密. 长沙：湖南少年儿童出版社，2011.3.

9. 魏书生. 班主任工作漫谈（修订本）. 北京：文化艺术出版社，2011.4.

10. 义务教育思想与生活课程标准（2011年版）. 北京：北京师范大学出版社，2012.1.

11. 义务教育思想与社会课程标准（2011年版）. 北京：北京师范大学出版社，2012.1.

二、学术论文

1. 陶行知. 学生自治问题之研究. 新教育. 1919（2）.

2. 谢坚强. 班干部的选拔、培养、使用. 中国职业技术教育. 2002（2）.

3. 廖冲绪. 班集体建设——谈班干部的选拔和培养. 成都教育学院学报. 2004, 18（3）.

4. 林社福. 实行班级自我管理，引导学生自主育德——小学生自我管理活动的几种尝试. 班主任. 2005 (9) .

5. 张长松. 如何帮助班干部处好人缘. 教育艺术. 2008 (7) .

6. 詹启生. 班干部新职位：心理委员. 广东第二课堂 (小学生版) . 2008 (9) .

7. 张世伟. 班级学风建设——班干部的模范带头作用. 科学教育家. 2008 (11) .

8. 李翠英. 班干部队伍建设艺术. 文科爱好者 (教育教学版) . 2010，(02) .

9. 郝益民. 班干部在自主管理的培养和作用发挥. 东方青年 (教师) . 2011 (4) .

10. 邱杨艳. 年轻班主任中途接班的感悟. 青年文学家. 2011 (5) .

11. 薛小霞. 谈班集体建设中的主体性原则. 新课程 (教师) . 2011(8).

12. 陆易青. 浅谈小学班主任如何培养班干部. 读写算 (教育教学研究) .2011 (12) .

13. 朱学尧. 试论班级自主管理模式下学生干部队伍建设策略. 教育教学论坛. 2011(19).

14. 米晓蓉. 中小学生班级全员性自主管理探究. 西南大学硕士学位论文. 2010.

参考文献